BABETTE ULMER
MARIA BÖHLY

DUO-ACCESSOIRES
stricken
MÜTZEN, LOOPS UND SCHALS IM SET

LIEBE STRICK-FANS,

DIESMAL HABEN WIR ACCESSOIRES ZUSAMMENGESTELLT,
DIE IHREN WIRKUNGSVOLLEN AUFTRITT ALS DUO HABEN.
IM GLEICHEN MUSTER GESTRICKT ODER ABER DURCH DIE FARBE ALS
DUO ERKENNBAR – ES SIND TOLLE KOMBIS, DIE EUER WINTEROUTFIT
PERFEKT KOMPLETTIEREN. FÜR ALLE IST ETWAS DABEI, VON EINFACH
BIS AUFWENDIG, MAL MIT DICKEM, MAL MIT DÜNNEM GARN.
WIR HABEN DARAUF GEACHTET, NUR ANGENEHM WÄRMENDE, HOCH-
WERTIGE MATERIALIEN AUSZUSUCHEN. UND WER SEINE STRICK-
KENNTNISSE AUFFRISCHEN WILL, FINDET AM ENDE DES BUCHS ALLE
BENÖTIGTEN TECHNIKEN.

DER WINTER IST NICHT TRÜB, GRAU UND KALT –
NICHT MIT DIESEN STYLISCHEN ACCESSOIRES!

Babette Ulmer
Maria Zölley

SCHWIERIGKEITSGRADE DER MODELLE

★ = einfach
★★ = mittel
★★★ = schwierig

INHALT

DOPPELLAGIGE MÜTZE UND FINGERHANDSCHUHE ★★

GRÖSSE

Mütze: 52–54 (56–58) cm Kopfumfang
Handschuhe: Handschuhgröße 7–7,5
Die Angaben für die größere Größe stehen in Klammern.
Steht nur eine Angabe, so gilt sie für beide Größen.

MATERIAL

· Lana Grossa „Cool Wool Baby"
  (100 % Schurwolle, Lauflänge 220 m/50 g):
  für die Mütze 100 g Hellgrau meliert und
  50 g Türkis und **für die Handschuhe**
  je 50 g Hellgrau meliert und Türkis;
  für beide Teile zusammen reichen
  100 g Hellgrau meliert und 50 g Türkis
· Nadelspiel oder CraSy-Trio (von addi) Nr. 3
· Fingernadelspiel Nr. 3
· Sicherheitsnadel

MUSTER

Glatt rechts: In Runden stets rechte Maschen
stricken.
Kraus rechts: In Runden 1 Runde linke Maschen,
1 Runde rechte Maschen im Wechsel stricken.
Jacquardmuster: Maschenzahl teilbar durch 12. Nach
dem Zählmuster glatt rechts in Norwegertechnik in
Runden stricken. Bei türkisfarbenem Grund ist Türkis
die Grundfarbe, Hellgrau meliert ist die Schmuckfarbe,
bei hellgrauem Grund umgekehrt. Es ist jede Runde
gezeichnet. Den Mustersatz von 12 Maschen stets
wiederholen. Die 1.–12. Runde 2x arbeiten, dann
noch 1x die 1. Runde stricken = 25 Runden.

MASCHENPROBE

Glatt rechts:
27 Maschen und 42 Runden = 10 x 10 cm

JETZT KANN'S LOSGEHEN

Mütze

Die Mütze an der türkisfarbenen Mützenspitze beginnen und in Runden stricken.

8 Maschen mit dem Nadelspiel Nr. 3 in Türkis anschlagen, gleichmäßig auf 4 Nadeln verteilen – 2 Maschen pro Nadel. Glatt rechts in Runden stricken. Dabei in der 1. Runde nach jeder Masche 1 Masche zunehmen (= 1 Umschlag arbeiten, den Umschlag in der folgenden Runde rechts verschränkt abstricken) = 16 Maschen. Für die weiteren Zunahmen 15x (16x) in jeder 2. Runde über den bisherigen Zunahmestellen gleichmäßig verteilt je 8 Maschen zunehmen = 136 (144) Maschen. 9,5 cm = 40 Runden (10,5 cm = 44 Runden) ohne Zunahmen stricken, dabei in der letzten Runde gleichmäßig verteilt 4 (0) Maschen abnehmen = 132 (144) Maschen. Nun die Bordüre im Jacquardmuster stricken, Grundfarbe = Türkis, Schmuckfarbe = Hellgrau meliert. Danach 1 Runde rechte Maschen in Türkis und 2 Runden kraus rechts in Hellgrau meliert arbeiten. Nun die zweite Bordüre im Jacquardmuster stricken, Grundfarbe = Hellgrau meliert, Schmuckfarbe = Türkis. Dann in Hellgrau meliert weiterarbeiten, dabei in der 1. Runde gleichmäßig verteilt 4 (0) Maschen zunehmen = 136 (144) Maschen. Bevor die Abnahmen für die zweite Mützenspitze beginnen, die Fäden vernähen, da man später nicht mehr ins Innere der Mütze kommt. Nach 9,5 cm = 40 Runden (10,5 cm = 44 Runden) ab Bordüre gleichmäßig verteilt 8x je 2 Maschen rechts zusammenstricken = 128 (136) Maschen. Diese Abnahmen in jeder 2. Runde über den bisherigen Abnahmestellen noch 15x (16x) ebenso arbeiten = 8 Maschen. Faden abschneiden, 2x durch die restlichen 8 Maschen fädeln und diese fest zusammenziehen. Die Mütze ineinanderschieben.

Handschuhe

Rechter Handschuh: 48 Maschen mit dem Nadelspiel Nr. 3 in Türkis anschlagen und gleichmäßig auf 4 Nadeln des Nadelspiels verteilen – 12 Maschen pro Nadel. 24 Runden glatt rechts stricken. Für den Umbruch 2 Runden kraus rechts in Hellgrau meliert arbeiten. Dann für die Bordüre das Jacquardmuster stricken, Grundfarbe ist Hellgrau meliert, Schmuckfarbe ist Türkis. Danach in Hellgrau meliert weiterarbeiten. Für den **Daumenkeil** in der 3. Runde ab Bordürenende vor und nach der 5. Masche der 1. Nadel je 1 Masche zunehmen (= 1 Umschlag auf die Nadel nehmen, den Umschlag in der folgenden Runde rechts verschränkt stricken) = 3 Daumenkeilmaschen. * 2 Runden ohne Zunahmen arbeiten. In der 3. Runde vor der ersten und nach der letzten zugenommenen Masche je 1 Masche zunehmen = 5 Daumenkeilmaschen. Ab * 7x arbeiten, dabei immer außerhalb der bisherigen Daumenkeilmaschen zunehmen = 17 Daumenkeilmaschen. Noch 2 Runden stricken, dann diese Maschen auf einer Sicherheitsnadel stilllegen. Anstelle der stillgelegten Daumenkeilmaschen für den Daumensteg 7 Maschen dazu anschlagen und 1 Runde rechts stricken. In der folgenden Runde die 1. Stegmasche mit der Masche davor rechts überzogen zusammenstricken (= 1 Masche wie zum Rechtsstricken abheben, 1 Masche rechts stricken und die abgehobene Masche darüberziehen) und die letzte Stegmasche mit der Masche danach rechts zusammenstricken. Diese Abnahmen in jeder Runde wiederholen, bis nur noch 1 Stegmasche übrig ist = 48 Maschen. Bis zum Beginn des kleinen Fingers glatt rechts stricken – ca. 3 cm; dafür am besten den Handschuh anprobieren.

AUSZEIT

Die Finger mit dem Fingernadelspiel Nr. 3 separat stricken. Für den kleinen Finger bis zu den letzten 6 Maschen der 2. Nadel (= die letzten Maschen der Handfläche) stricken. Die folgenden 12 Maschen für den **kleinen Finger** (= 6 Maschen der Handfläche + 6 Maschen des Handrückens) stricken und für den Steg zwischen kleinem Finger und Mittelfinger 2 Maschen dazu anschlagen = 14 Maschen. Die Maschen gleichmäßig auf 3 Nadeln des Fingernadelspiels verteilen – 5-4-5 Maschen. Glatt rechts stricken, dabei nach ca. 4 cm – ungefähr 1 cm vor dem Fingerende – für die Spitze in jeder Runde die letzten 2 Maschen jeder Nadel rechts zusammenstricken. Wenn nur noch 4 Maschen übrig sind, die restlichen Maschen mit dem Faden fest zusammenziehen und den Faden vernähen. Aus dem Steg des kleinen Fingers 2 Maschen auffassen, dann die restlichen 18 Maschen des Handrückens stricken. Nun 1 cm über alle Maschen – die Maschen der Handfläche, des Handrückens und des Stegs – in Runden stricken.

Für den **Ringfinger** bis zu den letzten 5 Maschen der Handfläche stricken. Die folgenden 12 Maschen (= 5 Maschen der Handfläche + die zuvor 1 cm tiefer aufgenommenen 2 Stegmaschen + 5 Maschen des Handrückens) stricken und für den Steg zwischen Ringfinger und Mittelfinger 3 Maschen dazu anschlagen = 15 Maschen. Die Maschen gleichmäßig auf 3 Nadeln des Fingernadelspiels verteilen = 5 Maschen pro Nadel. Glatt rechts stricken, dabei nach ca. 5 cm – ungefähr 1 cm vor dem Fingerende – die Spitze wie beim kleinen Finger arbeiten.

Für den **Mittelfinger** mit dem Fingernadelspiel über die letzten 6 Maschen der Handfläche stricken. 3 Maschen aus dem Steg auffassen und die folgenden 6 Maschen des Handrückens stricken und für den Steg zwischen Mittelfinger und Zeigefinger 3 Maschen dazu anschlagen = 18 Maschen. Die Maschen gleichmäßig auf 3 Nadeln des Fingernadelspiels verteilen – 6 Maschen pro Nadel. Glatt rechts stricken, dabei nach etwa 5,5 cm – ungefähr 1 cm vor dem Fingerende – die Spitze wie beim kleinen Finger arbeiten.

Für den **Zeigefinger** mit dem Fingernadelspiel die restlichen 7 Maschen der Handfläche stricken, 3 Maschen aus dem Steg auffassen und die restlichen 7 Maschen des Handrückens stricken = 17 Maschen. Die Maschen gleichmäßig auf 3 Nadeln des Fingernadelspiels verteilen – 6-5-6 Maschen. Glatt rechts stricken, dabei nach ca. 5 cm – ungefähr 1 cm vor dem Fingerende – die Spitze wie beim kleinen Finger arbeiten.

Für den **Daumen** die stillgelegten 17 Daumenkeilmaschen auf eine Fingerspielnadel nehmen, 7 Maschen aus dem Steg auffassen = 24 Maschen. Die Maschen gleichmäßig auf 3 Nadeln verteilen – 8 Maschen pro Nadel. Glatt rechts stricken. In der folgenden Runde die 1. Stegmasche mit der Masche davor rechts überzogen zusammenstricken und die letzte Stegmasche mit der Masche danach rechts zusammenstricken. Diese Abnahmen in jeder Runde wiederholen, bis nur noch 1 Stegmasche übrig ist = 18 Maschen. Etwa 4 cm – ungefähr 1 cm vor Daumenende – stricken, dann die Spitze wie beim kleinen Finger arbeiten.

Linker Handschuh: Gegengleich arbeiten und für den Daumenkeil vor und nach der fünftletzten Masche der 4. Nadel 1 Umschlag auf die Nadel nehmen und in der folgenden Runde rechts verschränkt abstricken.

Zählmuster

×							×	×	×			**12**
	×							×				**11**
		×					×					**10**
			×			×						**9**
			×	×	×	×						**8**
		×	×	×	×							**7**
×		×	×	×								**6**
			×							×		**5**
				×					×			**4**
					×			×				**3**
					×	×		×	×			**2**
						×	×	×	×	×		**1**

Mustersatz

☐ = 1 Masche Grundfarbe

☒ = 1 Masche Schmuckfarbe

MÜTZE UND COWBOYLOOP ★★

GRÖSSE

Loop: 46 cm Umfang, 38 cm Länge
Mütze: 51–53 (54–56/57–59) cm Kopfumfang
Die Angaben für die größeren Größen stehen in Klammern.
Steht nur eine Angabe, so gilt sie für alle Größen.

MATERIAL

· Austermann „Raindrops Degradé"
  (75 % Wolle, 20 % Polyamid, 5 % Baumwolle, Lauflänge 120 m/50 g): **für den Loop**
  50 g Beige und **für die Mütze** 50 g Beige
· Stricknadeln Nr. 6
· Rundstricknadel Nr. 6, 40 cm lang
· Nadelspiel Nr. 6

MUSTER

Glatt rechts: In Runden stets rechte Maschen stricken.
In Hinreihen rechte Maschen, in Rückreihen linke
Maschen stricken.
Großes Perlmuster in Runden: Gerade Maschenzahl.
1 Masche rechts, 1 Masche links im Wechsel stricken;
nach jeder 2. Runde die Maschen versetzen.
Randmaschen (Knötchenrand): Die erste und letzte
Masche jeder Reihe rechts stricken.

MASCHENPROBE

Glatt rechts:
 12 Maschen und 24 Reihen/Runden = 10 x 10 cm

JETZT KANN'S LOSGEHEN

Cowboyloop

Mit dem inneren hellen Faden des Knäuels beginnen.
56 Maschen mit der Rundstricknadel Nr. 6 anschlagen
und zur Runde schließen; Rundenbeginn ist in der rückwärtigen Mitte. 1 Runde linke Maschen und 6 Runden
im großen Perlmuster stricken, danach glatt rechts stricken. Den Rundenbeginn markieren und die Markierung
mitführen. In der 4. Runde nach der 14. und 28. Masche
jeweils 1 Umschlag arbeiten (die Umschläge in der
folgenden Runde rechts verschränkt abstricken) =
58 Maschen. Diese Zunahmen noch 5x in jeder 4. Runde
über den bisherigen Zunahmestellen wiederholen =
68 Maschen. Nach 16,5 cm = 40 Runden glatt rechts für
die Spitze über die 18.–51. Masche in verkürzten Reihen
arbeiten. Dafür bis zur 51. Masche stricken, * wenden,
die 1. Masche mit 1 Umschlag wie zum Linksstricken
abheben, dabei den Faden fest nach hinten ziehen,
dadurch entsteht eine Doppelmasche, 33 Maschen
stricken, wenden, 1 Masche wie zum Linksstricken
abheben, dabei den Faden fest nach hinten ziehen, bis
zur Doppelmasche stricken, ab * so oft wiederholen, bis
die letzte Masche als Doppelmasche gestrickt ist, dabei
verringert sich die zu strickende Maschenzahl bei jeder
Wiederholung um 1 Masche. Nun 1 1/2 Runden rechts
stricken, damit die Runde wieder in der rückwärtigen
Mitte beginnt, und in dieser Runde nach der 34. Masche
ab rückwärtiger Mitte (= in der vorderen Mitte) 1 Masche
rechts verschränkt aus dem Querfaden herausstricken
(= Spitzenmasche) = 69 Maschen. Für die Blende
6 Runden im großen Perlmuster stricken, dabei die
Spitzenmasche stets rechts stricken. Darauf achten,
dass der Musterrapport in der rückwärtigen Mitte auf-
geht, d. h. die 1. Runde wie folgt arbeiten: 34 Maschen
großes Perlmuster, 1 Masche rechts verschränkt aus
dem Querfaden herausstricken, 1 Masche rechts =
 Spitzenmasche, 1 Masche links verschränkt aus dem

1. Reihe: Randmasche, 1 Masche rechts, 1 Masche links, 1 Masche rechts, Randmasche. In der 3. Reihe beidseitig nach bzw. vor der Randmasche je 1 Masche rechts verschränkt aus dem Querfaden herausstricken = 7 Maschen. Diese Zunahmen noch 5x in jeder 4. Reihe wiederholen = 17 Maschen. Nach 11 cm = 26 Reihen die Maschen stilllegen. Die linke Ohrenklappe genauso stricken. Für den Kopfteil mit dem Nadelspiel Nr. 6 in Runden weiterarbeiten: Die 17 Maschen der linken Ohrenklappe mustergemäß stricken, für den Gesichtsrand 15 (17/19) Maschen dazu anschlagen, die 17 Maschen der rechten Ohrenklappe mustergemäß stricken und 3 (5/7) Maschen für den hinteren Rand anschlagen = 52 (56/60) Maschen. Für die Blende noch 5 Runden im großen Perlmuster stricken, dabei über den neu angeschlagenen Maschen das Muster fortsetzen, danach glatt rechts weiterarbeiten. Den Rundenbeginn in der hinteren Mitte (1. Masche ist die 3. neu angeschlagene Masche des hinteren Rands) markieren und die Markierung mitführen. Für die Kopfform nach 12 cm = 29 Runden ab Blende gleichmäßig verteilt 4 (2/0) Maschen abnehmen = 48 (54/60) Maschen. In der folgenden Runde gleichmäßig verteilt 6 Maschen abnehmen = 42 (48/54) Maschen. Diese Abnahmen noch 4x (5x/6x) in jeder 2. Runde und 2x in jeder Runde über den bisherigen Abnahmestellen arbeiten. Faden abschneiden, durch die restlichen 6 Maschen fädeln und diese fest zusammenziehen.

Querfaden herausstricken, 34 Maschen großes Perlmuster stricken. In jeder Runde vor und nach der Spitzenmasche 1 Masche mustergemäß verschränkt aus dem Querfaden zunehmen = 81 Maschen. Danach alle Maschen links abketten.

Mütze

Mit dem inneren Faden (helle Ohrenklappen) oder dem äußeren Faden (dunkle Ohrenklappen) des Knäuels beginnen. Die Randmaschen als Knötchenrand stricken. Für die rechte Ohrenklappe 5 Maschen mit Nadeln Nr. 6 anschlagen und im großen Perlmuster stricken:

TIPP

Der Loop kann auch mit einer längeren Rundstricknadel gearbeitet werden, wenn mit einem
Magic Loop gestrickt wird. Dafür das Seil der
Rundstricknadel ca. 3 Maschen vor der zu
strickenden Masche herausziehen – es legt sich
zu einer Schlaufe (= Loop) – und die Runde
weiterstricken. Immer wieder das Seil an einer
anderen Stelle herausziehen.

MÜTZE UND LOOP ★★★

GRÖSSE

Mütze: 55–60 cm Kopfumfang
Loop: 25 cm Höhe, 120 cm Umfang

MATERIAL

· Buttinette „Woll Butt Primo"
  (100 % Schurwolle, Lauflänge 150 m/50 g):
  für die Mütze je 50 g Grau und Goldgelb und
  für den Loop je 200 g Grau und Goldgelb
· Stricknadeln Nr. 6
· Nadelspiel Nr. 6
· Häkelnadel Nr. 6
· 3 goldene Knöpfe, ø 17 mm
· Wollnadel

MUSTER

Glatt rechts: In Runden stets rechte Maschen stricken.
Kraus rechts: In Hin- und Rückreihen stets rechte
Maschen stricken.
Kraus rechts mit Hebemaschen: 1. Reihe: 3 Maschen
rechts (inklusive Randmasche), * 1 Hebemasche
(= 1 Masche wie zum Linksstricken abheben, Faden
 hinter der Masche weiterführen), 4 Maschen rechts,
ab * stets wiederholen, 1 Hebemasche, 3 Maschen rechts
(inklusive Randmasche). **2. Reihe:** Alle Maschen rechts
stricken, die Hebemaschen wieder wie zum Linksstricken
abheben, dabei den Faden vor der Masche weiterführen.

RAFFINIERT

IM DETAIL

Muster- und Farbfolge Mütze: 5 Reihen kraus rechts in Grau, * 2 Reihen kraus rechts mit Hebemaschen in Goldgelb, 6 Reihen kraus rechts in Grau, 4 Reihen kraus rechts in Goldgelb, 6 Reihen kraus rechts in Grau, 2 Reihen kraus rechts mit Hebemaschen in Goldgelb, 6 Reihen kraus rechts in Grau, 6 Reihen kraus rechts in Goldgelb, 6 Reihen kraus rechts in Grau, ab * 4x arbeiten, 2 Reihen kraus rechts mit Hebemaschen in Goldgelb, 5 Reihen kraus rechts in Grau = 164 Reihen.

Muster- und Farbfolge Loop: Wie die Muster- und Farbfolge der Mütze stricken, dabei ebenfalls mit 5 Reihen kraus rechts in Grau beginnen und den Mustersatz ab * 7x arbeiten, die letzten 5 Reihen kraus rechts in Grau nicht stricken = 271 Reihen.

MASCHENPROBEN
Glatt rechts, zweifädig:
17 Maschen und 18 Reihen = 10 x 8 cm
Muster- und Farbfolge, zweifädig:
17 Maschen und 30 Reihen = 10 x 10 cm

JETZT KANN'S LOSGEHEN
Mütze
Stets mit zwei Fäden stricken. Für das Unterteil mit doppeltem Faden 22 Maschen in Grau mit Nadeln Nr. 6 anschlagen und die 164 Reihen der Muster- und Farbfolge stricken. Die Randmaschen immer mit beiden Farben, also mit 4 Fäden arbeiten. Danach alle Maschen rechts abketten. Die ersten 5 grauen Reihen über die letzten 5 grauen Reihen legen und hinter der ersten Krausrippe unsichtbar annähen. Ebenso auf der Rückseite hinter der letzten Krausrippe annähen. Für das Mützenoberteil mit dem Nadelspiel Nr. 6 aus dem Rand mit den zweifarbigen Randmaschen 80 Maschen mit doppeltem Faden in Grau auffassen. Die Maschen gleichmäßig auf 4 Nadeln ver-

teilen – 20 Maschen pro Nadel. 1 Runde linke Maschen, dann glatt rechts stricken. Zur Formgebung in der 2. Runde gleichmäßig verteilt 8x je 2 Maschen rechts zusammenstricken = 72 Maschen. Diese Abnahmen noch 8x in jeder 2. Runde wiederholen = 8 Maschen. Den Faden abschneiden, 2x durch die restlichen 8 Maschen fädeln und diese zusammenziehen.

Fertigstellung: Auf den überlappenden Rand verteilt drei Knöpfe nähen.

Loop
Stets mit zwei Fäden stricken. Die Randmaschen der einen Seite (die mit der mitgeführten nicht benutzten Farbe) immer mit beiden Farben, also mit 4 Fäden arbeiten. Für den offenen Anschlag 62 Luftmaschen mit zwei Fäden in Grau mit Häkelnadel Nr. 6 häkeln. Aus der Luftmaschenkette mit der Stricknadel 62 Maschen auffassen und in der Muster- und Farbfolge stricken, dabei für die diagonale Form am Anfang jeder Hinreihe nach der Randmasche 2 Maschen rechts zusammenstricken und am Ende jeder Hinreihe vor der Randmasche 1 Umschlag auf die Nadel nehmen (den Umschlag in der folgenden Rückreihe rechts verschränkt abstricken). Nach 120 cm = 271 Reihen ab Anschlag (in der Diagonale gemessen) die Maschen stilllegen.

Fertigstellung: Den Luftmaschenanschlag auflösen und die Maschen auf eine Stricknadel nehmen. Die Maschen der ersten und letzten Reihe im Maschenstich verbinden.

Hinweis: An einer Seite entsteht eine kleine Ausbuchtung.

STURMERPROBT
MIT KUSCHELEFFEKT

MÜTZE UND SCHAL ★

GRÖSSE
Schal: 24,5 cm Breite, 220 cm Länge
Mütze: 52–54 (55–57/58–60) cm Kopfumfang
Die Angaben für die größeren Größen stehen in Klammern.
Steht nur eine Angabe, so gilt sie für alle Größen.

MATERIAL
· Junghans Wollversand „Merino Extrafein"
(100 % Schurwolle, Lauflänge 150 m/50 g):
für den Schal 200 g Grau meliert, 150 g Ocker
und 100 g Weinrot und **für die Mütze** je 50 g
Grau meliert, Ocker und Weinrot; **für beide
Teile zusammen** reichen 200 g Grau meliert,
200 g Ocker und 150 g Weinrot
· Stricknadeln Nr. 5
· Nadelspiele oder CraSy-Trios (von addi)
Nr. 4,5 und Nr. 5
· Pomponset, ø 8 cm

MUSTER
Randmaschen (Kettrand): In jeder Reihe die erste
Masche rechts verschränkt stricken, die letzte Masche wie
zum Linksstricken abheben (Faden vor der Masche).
Rippenmuster: Ungerade Maschenzahl. **Hinreihen:**
Randmasche, 1 Masche rechts, 1 Masche links im Wechsel
stricken, enden mit 1 Masche rechts, Randmasche.
Rückreihen: Die Maschen stricken, wie sie erscheinen.
Glatt rechts: In Hinreihen rechte Maschen, in Rückreihen
linke Maschen stricken. In Runden stets rechte Maschen
stricken.

Glatt links: In Hinreihen linke Maschen, in Rückreihen
rechte Maschen stricken. In Runden stets linke Maschen
stricken.
Halbpatent in Reihen für den Schal: Ungerade
Maschenzahl. **Hinreihen:** Randmasche, * 1 Masche rechts,
1 Masche mit 1 Umschlag wie zum Linksstricken abheben,
ab * stets wiederholen, enden mit 1 Masche rechts, Randmasche. **Rückreihen:** Randmasche, * 1 Masche links,
1 Masche mit dem Umschlag rechts zusammenstricken,
ab * stets wiederholen, enden mit 1 Masche links, Randmasche.
Halbpatent in Runden für die Mütze: Gerade
Maschenzahl. **1. Runde:** * 1 Masche rechts, 1 Masche mit
1 Umschlag wie zum Linksstricken abheben, ab * stets
wiederholen. **2. Runde:** * 1 Masche rechts, 1 Masche
mit dem Umschlag links zusammenstricken, ab * stets
wiederholen. Die 1. und 2. Runde stets wiederholen.
Muster- und Farbfolge: Die Fäden nicht mitlaufen lassen, sondern stets abschneiden. * 2 Reihen/Runden glatt
rechts in Ocker, 14 Reihen/ Runden Halbpatent in Grau
meliert, 2 Reihen/Runden glatt rechts in Ocker,
1 Reihe glatt rechts und 7 Reihen/Runden glatt links in
Weinrot, 2 Reihen/Runden glatt rechts in Grau meliert,
14 Reihen/Runden Halbpatent in Ocker, 2 Reihen/Runden
glatt rechts in Grau meliert, 1 Reihe/Runde glatt rechts
und 7 Reihen/Runden glatt links in Weinrot = 52 Reihen/
Runden, ab * stets wiederholen.

MASCHENPROBE
Muster- und Farbfolge mit Nadeln Nr. 5:
18,5 Maschen und 36 Reihen/Runden = 10 x 15 cm

JETZT KANN'S LOSGEHEN

Schal

49 Maschen mit Nadeln Nr. 5 in Weinrot anschlagen. Randmaschen als Kettrand arbeiten. Für den Bund 3 cm = 7 Reihen im Rippenmuster stricken, dann die Muster- und Farbfolge 214 cm = 772 Reihen bzw. 15 Höhenrapporte + 44 Reihen arbeiten. Zum Schluss noch 3 cm = 7 Reihen im Rippenmuster stricken. Danach alle Maschen abketten.

Fertigstellung: Die Fäden entweder 2x verknoten und auf gleiche Länge abschneiden oder vernähen.

Mütze

90 (96/102) Maschen mit dem Nadelspiel Nr. 4,5 in Weinrot anschlagen und gleichmäßig auf 4 Nadeln verteilen – 22-23-22-23 Maschen (24 Maschen pro Nadel/25-26-25-26 Maschen). Für den Bund 3 cm = 7 Runden im Rippenmuster stricken. Danach mit Nadeln Nr. 5 die Muster- und Farbfolge arbeiten. Nach 19 cm = in der 68. Runde ab Bund wie folgt 2 (8/6) Maschen abnehmen: Für die **kleine Größe** 2x jede 44. und 45. Masche rechts zusammenstricken; für die **mittlere Größe** 8x jede 11. und 12. Masche rechts überzogen zusammenstricken (= 1 Masche wie zum Rechtsstricken abheben, 1 Masche rechts stricken und die abgehobene Masche darüberziehen); für die **große Größe** * die 16. und 17. Masche rechts zusammenstricken, dann die folgende 16. und 17. Masche rechts überzogen zusammenstricken, ab * 3x arbeiten = 88 (88/96) Maschen. In der folgenden 2. Runde 8x jede 10. und 11. (10. und 11./11. und 12.) Masche rechts zusammenstricken = 80 (80/88) Maschen. Diese Abnahmen in jeder 2. Runde noch 9x (9x/10x) über den bisherigen Abnahmestellen wiederholen – die Maschen zwischen den Abnahmen verringern sich in jeder Abnahmerunde –, dabei im glatt links gestrickten Bereich die Maschen links zusammenstricken und im glatt rechts gestrickten Bereich die Maschen rechts zusammenstricken. Außerdem den letzten ockerfarbenen Bereich glatt rechts stricken. Faden abschneiden, durch die restlichen 8 Maschen fädeln und diese fest zusammenziehen.

Fertigstellung: Mit weinrotem und ockerfarbenem Garn einen Pompon mit 8 cm Durchmesser anfertigen, dafür die Pomponschablone zuerst mit je 1 Faden Weinrot und Ocker, dann nur mit Ocker umwickeln. Den Pompon an der Mützenspitze befestigen.

HERBSTTÖNE:
GRAU, OCKER, WEINROT

SCHÖNES DUO
IN FEINSTEM GARN

MÜTZE UND SCHAL ★★

GRÖSSE
Mütze: 56 cm Kopfumfang
Schal: 25 cm Breite, 187 cm Länge

MATERIAL
· Lana Grossa „Tre Seta" (40 % Schurwolle,
  35 % Seide, 20 % Alpaka, 5 % Viskose,
  Lauflänge 130 m/50 g): **für den Schal** 250 g
  Erika und **für die Mütze** 50 g Erika
· Nadelspiel Nr. 4
· Stricknadeln Nr. 4,5

MUSTER

Rippenmuster und Rechts-Linksmuster in Runden für die Mütze: Maschenzahl teilbar durch 28. Nach Strickschrift A stricken. Den Mustersatz von 28 Maschen stets wiederholen. Es sind nur die ungeraden Runden gezeichnet; in den geraden Runden die Maschen stricken, wie sie erscheinen. Ab der 43. Runde ist jede Runde gezeichnet. Für das Rippenmuster die 1. und 2. Runde stets wiederholen und für das Rechts-Linksmuster die 3.–48. Runde 1x arbeiten.

Rippenmuster und Rechts-Linksmuster in Reihen für den Schal: Maschenzahl teilbar durch 28 + 1 + 2 Randmaschen. Nach Strickschrift B stricken. Mit der Masche vor dem Mustersatz beginnen, den Mustersatz von 28 Maschen stets wiederholen und mit den Maschen nach dem Mustersatz enden. Es sind nur die Hinreihen gezeichnet; in den Rückreihen die Maschen stricken, wie sie erscheinen. Für das Rippenmuster die 1. und 2. Reihe stets wiederholen und für das Rechts-Linksmuster die 3.–58. Reihe stets wiederholen.

MASCHENPROBEN

Rechts-Linksmuster mit Nadeln Nr. 4:
24,5 Maschen und 30 Runden = 10 x 10 cm
Rechts-Linksmuster mit Nadeln Nr. 4,5:
23,5 Maschen und 27,5 Reihen = 10 x 10 cm

JETZT KANN'S LOSGEHEN

Mütze

112 Maschen mit Nadeln Nr. 4 anschlagen, die Maschen gleichmäßig auf die 4 Nadeln verteilen – 28 Maschen pro Nadel. Für den Bund 6,5 cm im Rippenmuster in Runden stricken. Dann im Rechts-Linksmuster weiterarbeiten. Die Abnahmen für die Kopfrundung sind in der Strickschrift eingezeichnet. Nach der letzten Runde der Strickschrift den Faden abschneiden, durch die restlichen 12 Maschen fädeln und diese fest zusammenziehen.

Schal

59 Maschen mit Nadeln Nr. 4,5 anschlagen und für den Bund 7 cm das Rippenmuster stricken. Dann im Rechts-Linksmuster weiterarbeiten. Nach 172 cm = 476 Reihen ab Bund wieder 7 cm im Rippenmuster stricken. Die Maschen abketten, wie sie erscheinen.

⊞ = Randmasche
☐ = 1 Masche rechts
⊟ = 1 Masche links
☑ = 2 Maschen rechts zusammenstricken
☑ = 3 Maschen rechts zusammenstricken
☑ = 2 Maschen rechts überzogen zusammenstricken
    (= 1 Masche wie zum Rechtsstricken abheben,
    1 Masche rechts stricken, dann die abgehobene
    Masche darüberziehen)
⬕ = 2 Maschen links zusammenstricken

Strickschrift A

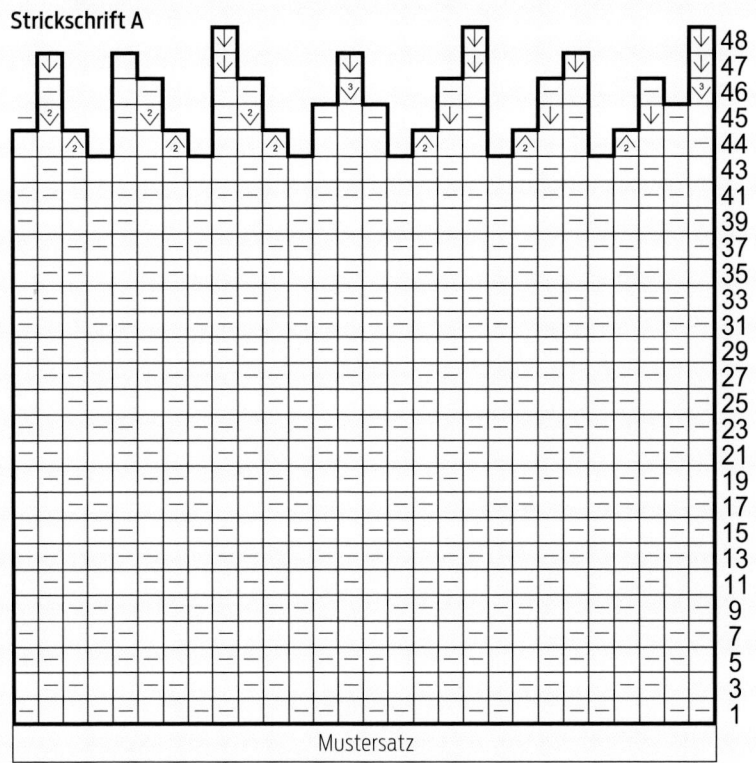

Mustersatz

Strickschrift B

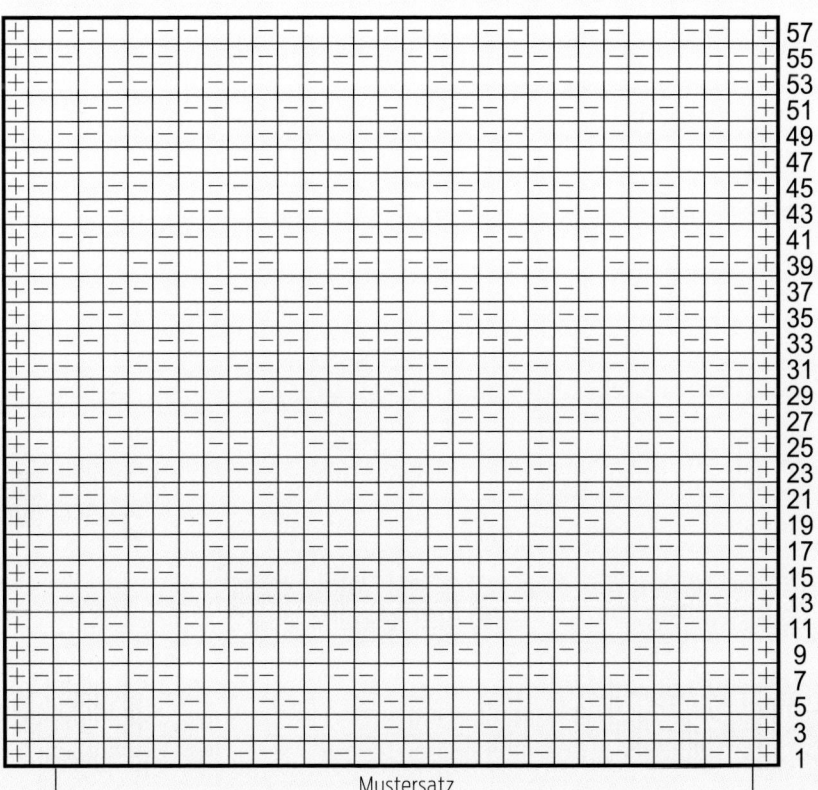

Mustersatz

MÜTZE UND PONCHOLOOP ★★

GRÖSSE

Mütze: 52–54 (55–57/58–60) cm Kopfumfang

Poncholoop: 36/38 (40/42;44/46)

Die Angaben für die größeren Größen stehen in Klammern. Steht nur eine Angabe, so gilt sie für alle Größen.

MATERIAL

· Junghans Wollversand „Valderamo"
(90 % Schurwolle, 8 % Polyacryl, 2 % metallisiertes Polyester, Lauflänge 100 m/50 g): **für den Poncho-loop** 450 (500/550) g Oliv und 50 g Creme und **für die Mütze** 100 g Oliv und 50 g Creme; **für beide Teile zusammen** reichen 550 (600/650) g Oliv und 50 g Creme
· Rundstricknadeln Nr. 4 und Nr. 5, je 80 cm lang
· Häkelnadel Nr. 5

MUSTER

Doppelte Randmasche: Hinreihe: Die 1. Masche rechts stricken, die 2. Masche wie zum Linksstricken abheben (Faden hinter der Arbeit); am Ende der Reihe die vorletzte Masche wie zum Linksstricken abheben (Faden hinter der Arbeit) und die letzte Masche rechts stricken. **Rückreihe:** Die 1. Masche wie zum Linksstricken abheben (Faden vor der Arbeit), die 2. Masche links stricken; am Ende der Reihe die vorletzte Masche links stricken und die letzte Masche wie zum Linksstricken abheben (Faden vor der Arbeit).

Patent in Reihen: Maschenzahl teilbar durch 2 + 1 + 2 doppelte Randmaschen.

1. Reihe (Rückreihe): Doppelte Randmasche, * 1 Masche links, 1 Masche rechts, ab * stets wiederholen, 1 Masche links, doppelte Randmasche. **2. Reihe (Hinreihe):** Doppelte Randmasche, * 1 Masche rechts, 1 Masche mit 1 Umschlag wie zum Linksstricken abheben, ab * stets wiederholen, 1 Masche rechts, doppelte Randmasche.

3. Reihe (Rückreihe): Doppelte Randmasche, * 1 Masche mit dem Umschlag links zusammenstricken, 1 Masche mit 1 Umschlag wie zum Linksstricken abheben, ab * stets wiederholen, 1 Masche mit dem Umschlag links zusammenstricken, doppelte Randmasche. **4. Reihe (Hinreihe):** Doppelte Randmasche, * 1 Masche mit 1 Umschlag wie zum Linksstricken abheben, 1 Masche mit dem Umschlag links zusammenstricken, ab * stets wiederholen, 1 Masche mit 1 Umschlag wie zum Linksstricken abheben, doppelte Randmasche. Die 1.–4. Reihe 1x arbeiten, dann die 3. und 4. Reihe stets wiederholen.

Patent in Runden: Gerade Maschenzahl. **1. Runde:** * 1 Masche mit 1 Umschlag wie zum Linksstricken abheben, 1 Masche mit dem Umschlag links zusammenstricken, ab * stets wiederholen. **2. Runde:** * 1 Masche mit dem Umschlag rechts zusammenstricken, 1 Masche mit 1 Umschlag wie zum Linksstricken abheben, ab * stets wiederholen. Die 1. und 2. Runde stets wiederholen.

MASCHENPROBE

Patent mit Nadel Nr. 5:

14 Maschen und 35 Reihen = 10 x 10 cm

JETZT KANN'S LOSGEHEN

Mütze

17 Maschen mit Nadel Nr. 5 in Oliv anschlagen und in Reihen 105 (110/115) cm Patent stricken. Dann alle Maschen abketten.

Fertigstellung: Die Mitte des gestrickten Bands nach 52,5 (55/57,5) cm markieren = hintere Mitte. Das Teil um den Kopf legen (von hinten nach vorn, wie ein Stirnband) und die Enden vorn am Kopf einmal um sich selbst verschlingen und nach hinten zurücklegen. Die Anschlagreihe und die Abkettreihe beidseitig der hinteren Mitte an den seitlichen Rand des Bands nähen. Die aneinanderstoßenden seitlichen Ränder zusammennähen (oben und seitlich am Kopf). Den unteren Mützenrand von und bis zur unteren Verschlingung (siehe Foto) mit 1 Reihe fester Maschen in Creme mit Häkelnadel Nr. 5 umhäkeln.

Poncholoop

Hinweis: Zunächst in Reihen arbeiten, ab Schlitzende dann den Poncholoop in einem Stück in Runden stricken. Mit dem **Rückenteil** beginnen: 73 (79/85) Maschen mit Nadel Nr. 5 in Creme anschlagen und dann Patent in Oliv stricken. In 23 cm Gesamthöhe beidseitig je 1 Masche abketten und die restlichen 71 (77/83) Maschen stilllegen. Das **Vorderteil** ebenso stricken. Nun die Maschen beider Teile auf eine Rundstricknadel nehmen: 71 (77/83) Maschen Vorderteil, 71 (77/83) Maschen Rückenteil = 142 (154/166) Maschen. Im Patent in Runden weiterarbeiten,

dabei die aufeinandertreffenden Randmaschen mustergemäß zusammenstricken = 140 (152/164) Maschen. In 48 (50/52) cm Gesamthöhe mit der Rundstricknadel Nr. 4 weiterarbeiten. In 78 (82/86) cm Gesamthöhe alle Maschen in Creme abketten.

Fertigstellung: Die Schlitzränder mit 1 Reihe fester Maschen mit Häkelnadel Nr. 5 in Creme umhäkeln.

Schnitt

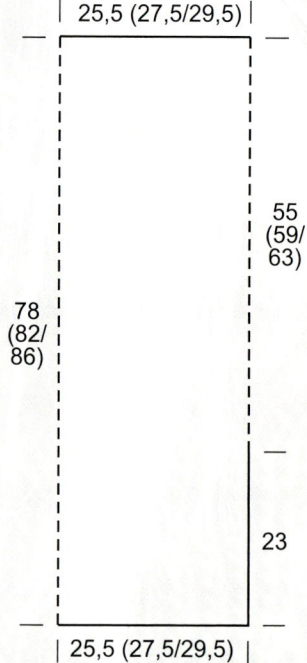

| 25,5 (27,5/29,5) |

55 (59/63)

78 (82/86)

23

| 25,5 (27,5/29,5) |

STYLISCH
IN DER NATUR
UNTERWEGS

NACH DER HÜTTENGAUDI

WAS WARMES

MÜTZE UND FÄUSTLINGE ★★

GRÖSSE
Mütze: 55–57 cm Kopfumfang
FÄUSTLINGE: Handschuhgröße 7–8

MATERIAL
- Buttinette Woll Butt „Innsbruck" (80 % Schurwolle, 20 % Polyacryl, Lauflänge 125 m/50 g): **für die Mütze** 100 g Jeans und **für die Fäustlinge** 100 g Jeans; **für beide Teile zusammen** reichen 150 g Jeans
- Nadelspiele Nr. 3,5 und Nr. 4
- Zopf- oder Hilfsnadel

MUSTER
Rippenmuster: 1 Masche rechts, 1 Masche links im Wechsel stricken.

Glatt rechts: In Runden stets rechte Maschen stricken.

Hebemaschenmuster A für die Mütze: Maschenzahl teilbar durch 32. Nach Strickschrift A stricken. Den Mustersatz von 32 Maschen stets wiederholen. Es ist jede Runde gezeichnet. Die erste Verzopfung der 8., 16., 24. und 32. Runde mit der letzten Masche der vorhergehenden Runde arbeiten. Die 1.–48. Runde 1x stricken.

Hebemaschenmuster B für die Fäustlinge: Maschenzahl teilbar durch 24. Nach Strickschrift B stricken. Den Mustersatz von 24 Maschen 2x pro Runde arbeiten. Es ist jede Runde gezeichnet. Die erste Verzopfung der 8., 16. und 24. Runde mit der letzten Masche der vorhergehenden Runde arbeiten. Die 1.–40. Runde 1x stricken.

MASCHENPROBE
Hebemaschenmuster A und B:
23 Maschen und 28 Runden = 10 x 10 cm

JETZT KANN'S LOSGEHEN
Mütze
128 Maschen mit Nadeln Nr. 3,5 anschlagen, die Maschen gleichmäßig auf die 4 Nadeln verteilen – 32 Maschen pro Nadel. Für den Bund 6 cm im Rippenmuster in Runden stricken. Dann mit Nadeln Nr. 4 im Hebemaschenmuster A weiterarbeiten. Nach dem Hebemaschenmuster A glatt rechts weiterarbeiten und in der 1. Glatt-rechts-Runde für die Abnahmen gleichmäßig verteilt 16 Maschen abnehmen = 112 Maschen. Diese Abnahmen in jeder Runde an den gleichen Abnahmestellen noch 6x ebenso arbeiten = 16 Maschen. Faden abschneiden, durch die restlichen 16 Maschen fädeln und diese fest zusammenziehen.

Fäustlinge
Erster Handschuh: 48 Maschen mit Nadeln Nr. 3,5 anschlagen, die Maschen gleichmäßig auf 4 Nadeln verteilen – 12 Maschen pro Nadel. Für den Bund 6 cm im Rippenmuster in Runden stricken. Dann mit Nadeln Nr. 4 im Hebemaschenmuster B weiterarbeiten. In 9,5 cm Gesamthöhe für den **Daumenkeil** die 1. Masche der 1. Nadel markieren und beidseitig der markierten Masche je 1 Masche aus dem Querfaden rechts verschränkt herausstricken = 3 Daumenkeilmaschen. Für die Zunahmen * in der folgenden 2. Runde vor und nach den Daumenkeilmaschen je 1 Masche aus dem Querfaden rechts verschränkt herausstricken, ab * 6x arbeiten, dabei immer außerhalb der bisherigen Daumenkeilmaschen zunehmen = 15 Daumenkeilmaschen. Die Zahl der Daumenkeilmaschen erhöht sich bei jeder Zunahme um 2 Maschen. Über die Daumenkeilmaschen glatt rechts stricken. Die Maschen stilllegen. Dann anstelle der stillgelegten Daumenkeilmaschen für den Daumensteg 5 Maschen dazu anschlagen und 1 Runde stricken, dabei über die 5 Maschen des Daumenstegs glatt rechts stricken. In der folgenden Runde die 1. Stegmasche mit der Masche davor rechts überzogen zusammenstricken (= 1 Masche wie zum Rechtsstricken abheben, 1 Masche rechts stricken, dann die abgehobene Masche darüberziehen) und die letzte Stegmasche mit der Masche danach rechts zusammenstricken. Diese Abnahmen in der folgenden Runde noch 1x ebenso arbeiten = 48 Maschen. Nach dem Hebemaschenmuster glatt rechts weiterarbeiten. Nach 53 Runden ab Bund auf der 1. und 3. Nadel jeweils die 1. und 2. Masche rechts überzogen zusammen-

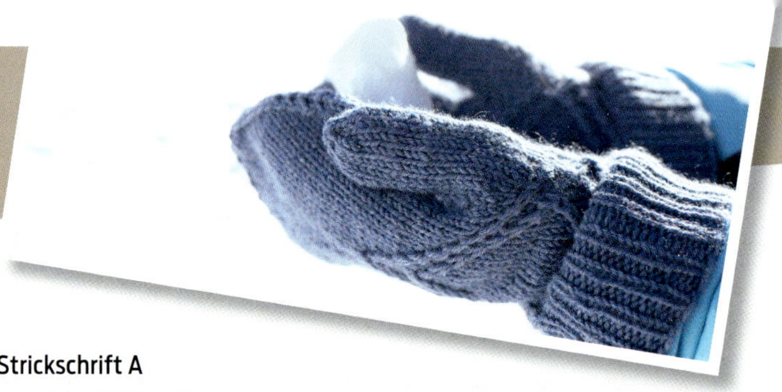

Strickschrift A

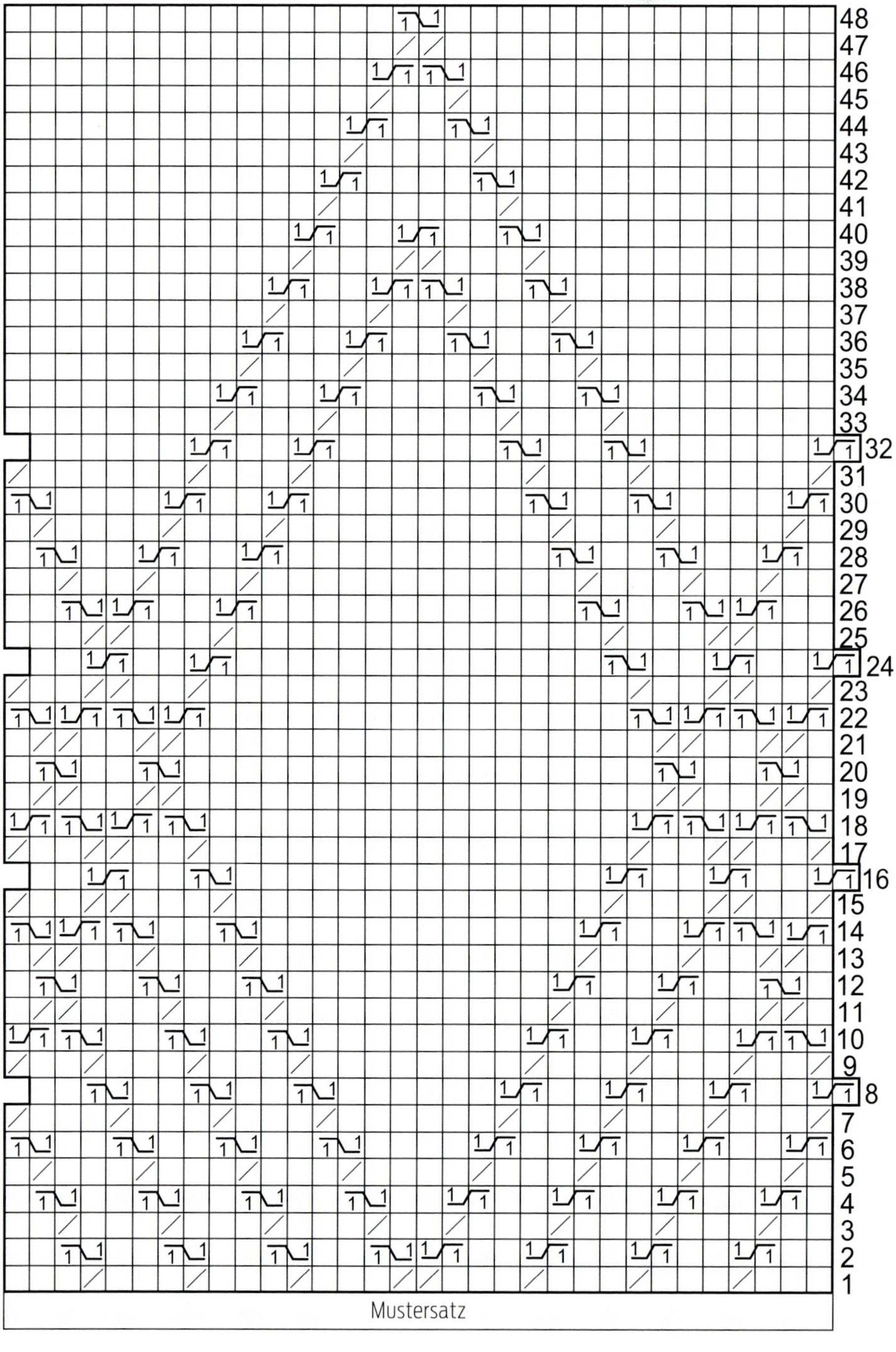

stricken sowie auf der 2. und 4. Nadel die letzte und vorletzte Masche rechts zusammenstricken = 44 Maschen. Diese Abnahmen in jeder 2. Runde noch 4x und dann in jeder Runde noch 5x ebenso arbeiten. Den Faden abschneiden, durch die restlichen 8 Maschen fädeln und diese zusammenziehen. Für den **Daumen** die stillgelegten 15 Keilmaschen auf eine Nadel nehmen, 5 Maschen aus dem Steg auffassen = 20 Maschen. Die Maschen gleichmäßig auf 3 Nadeln verteilen = 7-6-7 Maschen. Glatt rechts stricken. In der folgenden Runde

die 1. Stegmasche mit der Masche davor rechts überzogen zusammenstricken und die letzte Stegmasche mit der Masche danach rechts zusammenstricken. Diese Abnahmen in der folgenden Runde noch 1x ebenso arbeiten = 16 Maschen. 0,5 cm vor Daumenende stets 2 Maschen rechts zusammenstricken = 8 Maschen. Den Faden abschneiden, durch die restlichen 8 Maschen fädeln und diese zusammenziehen.

Zweiter Handschuh: Genauso stricken.

Strickschrift B

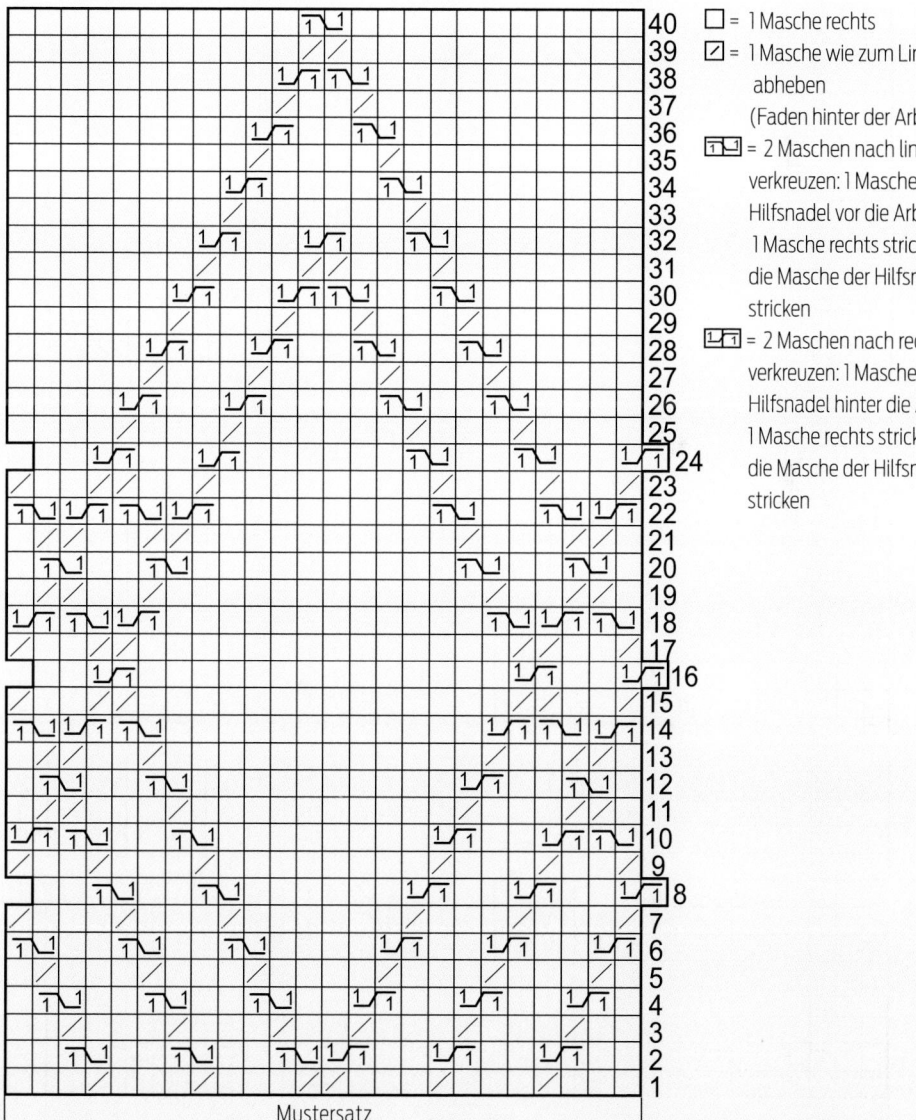

Mustersatz

GANZ SCHÖN BUNT
GUTE-LAUNE-WINTERDUO

STIRNBAND UND FÄUSTLINGE ★★

GRÖSSE

Stirnband: 50–52 (55–57) cm Kopfumfang, 10 cm Breite
Fäustlinge: Handschuhgröße 7,5
Die Angaben für die größere Größe stehen in Klammern.
Steht nur eine Angabe, so gilt sie für beide Größen.

MATERIAL

· Lana Grossa „Cool Wool" (100 % Schurwolle, Lauf-
länge 160 m/50 g): **für das Stirnband** je 50 g Royal,
Altrosa und Senf und **für die Fäustlinge** je 50 g Senf,
Royal und Altrosa; **für beide Teile zusammen** reichen
100 g Senf und je 50 g Royal und Altrosa
· Nadelspiel oder CraSy-Trio (von addi) Nr. 3
· Fingernadelspiel Nr. 3
· Sicherheitsnadel
· Zopf- oder Hilfsnadel

MUSTER

Rippenmuster: 2 Maschen rechts, 2 Maschen links im
Wechsel stricken.
Glatt rechts: In Runden stets rechte Maschen stricken.
Zopfmuster: Maschenzahl teilbar durch 12. Nach der
Strickschrift stricken. Den Mustersatz von 12 Maschen stets
wiederholen. Es sind nur die ungeraden Runden gezeich-
net; in den geraden Runden alle Maschen rechts stricken.
Die 1.–20. Runde stets wiederholen.

Farb- und Musterfolge Stirnband: 2 Runden Rippenmuster in Altrosa, 1 Runde rechts und 3 Runden Rippenmuster in Royal, 26 Runden Zopfmuster in Senf, 1 Runde
rechts und 3 Runden Rippenmuster in Royal, 1 Runde
rechts und 1 Runde Rippenmuster in Altrosa = 38 Runden.
Farb- und Musterfolge Fäustlinge: 2 Runden Rippenmuster in Altrosa, 1 Runde rechts und 16 Runden Rippenmuster in Royal = 19 Runden für den Bund, 66 Runden
Zopfmuster in Senf, dann glatt rechts weiterarbeiten
und für die Streifen abwechselnd 2 Runden Royal und
2 Runden Altrosa stricken.

MASCHENPROBE

Glatt rechts und Zopfmuster:
25 Maschen und 36 Runden = 10 x 10 cm

JETZT KANN'S LOSGEHEN
Stirnband

108 (120) Maschen in Altrosa mit dem Nadelspiel Nr. 3
anschlagen und die Maschen gleichmäßig auf 4 Nadeln
verteilen – 24-24-24-36 Maschen (30 Maschen pro
Nadel). In der Farb- und Musterfolge in Runden stricken.
Nach 10,5 cm = nach der letzten Runde in Altrosa alle
Maschen abketten, wie sie erscheinen.

Fäustlinge

Rechter Handschuh: 48 Maschen in Altrosa mit dem Nadelspiel Nr. 3 anschlagen und die Maschen gleichmäßig auf 4 Nadeln verteilen – 12 Maschen pro Nadel. In der Farb- und Musterfolge in Runden stricken. Für das **Daumenloch** nach 38 Runden ab Bund auf der 1. Nadel die 3.–10. Masche auf einer Sicherheitsnadel stilllegen und stattdessen 8 Maschen neu anschlagen. Für die Spitze nach 70 Runden ab Bund (= nach 4 Reihen der Streifen) gleichmäßig verteilt 6x je 1 Masche abnehmen (= 2 Maschen rechts zusammenstricken) = 42 Maschen. Diese Abnahmen noch 4x in jeder 2. Runde und dann 2x in jeder Runde arbeiten. Den Faden abschneiden, durch die restlichen 6 Maschen fädeln und diese zusammenziehen.

Für den **Daumen** mit dem Fingernadelspiel in Royal aus den neu angeschlagenen Maschen des Daumenlochs 8 Maschen auffassen und die stillgelegten 8 Maschen rechts abstricken = 16 Maschen. Die Maschen gleichmäßig auf 3 Nadeln des Fingernadelspiels verteilen – 5-6-5 Maschen. Glatt rechts weiterstricken, noch 1 Runde in Royal, dann abwechselnd 2 Runden Altrosa und 2 Runden Royal arbeiten. Für die Daumenspitze nach 5,5 cm = 20 Runden (= ca. 1 cm vor Daumenende) gleichmäßig verteilt 4 Maschen abnehmen = 12 Maschen. Diese Abnahmen noch 2x in jeder Runde wiederholen. Den Faden abschneiden, durch die restlichen 4 Maschen fädeln und diese zusammenziehen.

Linker Handschuh: Gegengleich arbeiten und für das Daumenloch auf der 4. Nadel die 15.–22. Masche stilllegen.

Strickschrift

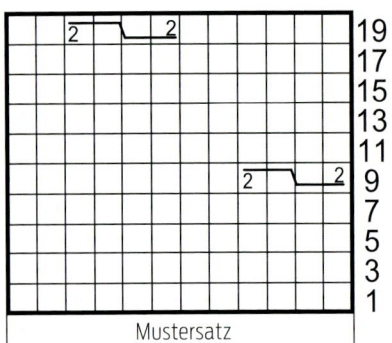

Mustersatz

19
17
15
13
11
9
7
5
3
1

□ = 1 Masche rechts

[2 ⌐⌐ 2] = 4 Maschen nach links verkreuzen: 2 Maschen auf eine Hilfsnadel vor die Arbeit legen, 2 Maschen rechts stricken, dann die Maschen der Hilfsnadel rechts stricken

LOOP UND FÄUSTLINGE ★★

GRÖSSE

Loop: 35 cm Höhe, 70 cm Umfang

Fäustlinge: Handschuhgröße 7 (8/9)

Die Angaben für die größeren Größen stehen in Klammern.
Steht nur eine Angabe, gilt sie für alle Größen.

MATERIAL

· Austermann „Merino Cotton" (55 % Schurwolle,
  45 % Baumwolle, Lauflänge 230 m/50 g):
  für den Loop 150 g Sand und
  für die Fäustlinge 50 g Sand
· Nadelspiel Nr. 3,5
· Rundstricknadel Nr. 5, 60 cm lang

MUSTER

Rippenmuster: 2 Maschen rechts, 2 Maschen links im
Wechsel stricken.

Glatt rechts: In Runden stets rechte Maschen stricken.

Zopfmuster für den Loop: Maschenzahl teilbar durch
16. Nach Strickschrift A stricken. Den Mustersatz von 16
Maschen stets wiederholen. Es ist jede Runde gezeichnet.
Die 1.–10. Runde stets wiederholen.

Zopf über 18 Maschen für die Fäustlinge: Nach Strickschrift B (rechter Handschuh) und Strickschrift C (linker
Handschuh) stricken. Es ist jede Runde gezeichnet. Die
1.–10. Runde stets wiederholen.

MASCHENPROBEN

Zopfmuster mit Nadel Nr. 5, zweifädig:
21,5 Maschen und 23 Runden = 10 x 10 cm

Glatt rechts mit Nadeln Nr. 3,5:
23 Maschen und 34 Runden = 10 x 10 cm

Zopf mit Nadeln Nr. 3,5:
18 Maschen und 34 Runden = 6,5 x 10 cm

JETZT KANN'S LOSGEHEN

Loop

144 Maschen mit Nadel Nr. 5 mit doppeltem Faden anschlagen. 35 cm = 80 Runden im Zopfmuster in Runden
stricken. Dann alle Maschen abketten.

Fäustlinge

Rechter Handschuh: Beim rechten Fäustling sind die Maschen der Handfläche auf der 1. und 2. Nadel und die Maschen des Handrückens auf der 3. und 4. Nadel. 48 (52/60) Maschen mit Nadeln Nr. 3,5 anschlagen, die Maschen gleichmäßig auf 4 Nadeln verteilen – 12 (13/15) Maschen pro Nadel. Für den Bund 6 cm im Rippenmuster in Runden stricken. In der letzten Bund-Runde gleichmäßig verteilt 0 (2/0) Maschen zunehmen = 48 (54/60) Maschen bzw. 12 Maschen pro Nadel (13-14-13-14 Maschen/15 Maschen pro Nadel). Dann die Maschen wie folgt stricken: 27 (31/36) Maschen glatt rechts, 18 Maschen Zopf, 3 (5/6) Maschen glatt rechts. Nach 10 (11/12) cm Gesamthöhe für den **Daumenkeil** die 4. Masche der 1. Nadel markieren und beidseitig der markierten Masche je 1 Masche aus dem Querfaden rechts verschränkt herausstricken = 3 Daumenkeilmaschen. Die Zunahmen wie folgt stricken: * Abwechselnd in der folgenden 3. Runde und dann in der folgenden 2. Runde vor und nach den Daumenkeilmaschen je 1 Masche aus dem Querfaden rechts verschränkt herausstricken, ab * 6x (7x/8x) arbeiten, dabei immer außerhalb der bisherigen Daumenkeilmaschen zunehmen = 15 (17/19) Daumenkeilmaschen. Die Zahl der Daumenkeilmaschen erhöht sich bei jeder Zunahme um 2 Maschen. Über die Daumenkeilmaschen glatt rechts stricken. Die Maschen stilllegen. Dann über den stillgelegten Daumenkeilmaschen für den Daumensteg 5 Maschen dazu anschlagen und 1 Runde stricken, dabei über die 5 Maschen des Daumenstegs glatt rechts stricken. In der folgenden Runde die 1. Stegmasche mit der Masche davor rechts überzogen zusammenstricken (= 1 Masche wie zum Rechtsstricken abheben, 1 Masche rechts stricken, dann die abgehobene Masche darüberziehen) und die letzte Stegmasche mit der Masche danach rechts zusammenstricken. Diese Abnahmen in der folgenden Runde noch 1x wiederholen = 48 (54/60) Maschen. In 20 (21/22) cm Gesamthöhe auf der 1. und 3. Nadel jeweils die 2. und 3. Masche rechts zusammenstricken sowie auf der 2. und 4. Nadel jeweils die drittletzte Masche rechts abheben, die folgende Masche rechts stricken, dann die abgehobene Masche darüberziehen = 44 (50/56) Maschen. Diese Abnahmen in jeder 2. Runde noch 4x (5x/7x) und anschließend in jeder Runde noch 5x ebenso arbeiten. Den Faden abschneiden, durch die restlichen 8 (10/8) Maschen fädeln und diese zusammenziehen. Für den **Daumen** die stillgelegten 15 (17/19) Daumenkeilmaschen auf eine Nadel nehmen, 5 Maschen aus dem Steg auffassen = 20 (22/24) Maschen. Die Maschen gleichmäßig auf 3 Nadeln verteilen = 7-6-7 Maschen (7-8-7 Maschen/8 Maschen pro Nadel). Glatt rechts stricken. In der folgenden Runde die 1. Stegmasche mit der Masche davor rechts überzogen zusammenstricken und die letzte Stegmasche mit der Masche danach rechts zusammenstricken. Diese Abnahmen in der folgenden Runde noch 1x wiederholen = 16 (18/20) Maschen. 0,5 cm vor Daumenende stets 2 Maschen rechts zusammenstricken bis noch 5 Maschen übrig sind. Den Faden abschneiden, durch die restlichen 5 Maschen fädeln und diese zusammenziehen.

Linker Handschuh: Gegengleich stricken, für den Daumenkeil die viertletzte Masche der 4. Nadel markieren.

Strickschrift A

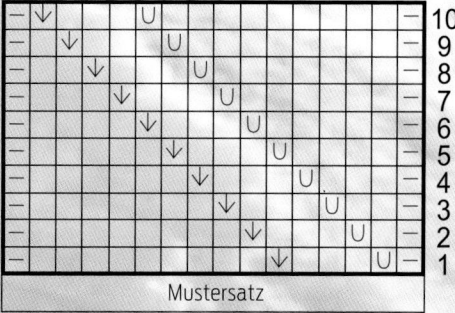

Mustersatz

Strickschrift B

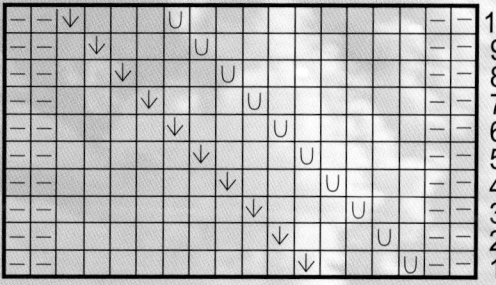

Strickschrift C

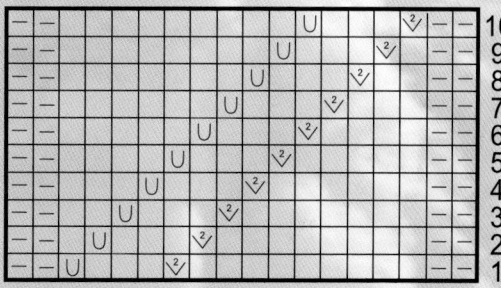

☐ = 1 Masche rechts
⊟ = 1 Masche links
Ⓤ = 1 Umschlag
☒ = 2 Maschen rechts zusammenstricken
☒ = 2 Maschen rechts überzogen zusammenstricken
    (= 1 Masche wie zum Rechtsstricken abheben,
    1 Masche rechts stricken, dann die abgehobene
    Masche darüberziehen)

MIT ALLOVER ARANMUSTER

MÜTZE UND LOOP ★★★

GRÖSSE

Mütze: 50–52 (55–57) cm Kopfumfang

Loop: 55 cm Umfang, 25 cm Länge

Die Angaben für die größere Größe stehen in Klammern. Steht nur eine Angabe, gilt sie für beide Größen.

MATERIAL

· Austermann „Merino Lace" (100 % Schurwolle, Lauflänge 400 m/50 g): **für die Mütze** je 50 g Braun meliert, Camel meliert und Natur und **für den Loop** je 50 g Braun meliert, Camel meliert und Natur

· Rundstricknadeln Nr. 3,5 und Nr. 4, je 60 cm lang

· Nadelspiele Nr. 3,5 und Nr. 4

· 2 Zopfnadeln Nr. 4

· Pomponset, ø 8 cm

MUSTER

Rippenmuster: 1 Masche rechts, 1 Masche links im Wechsel stricken.

Aranmuster: Maschenzahl teilbar durch 14. Nach der Strickschrift stricken. Es sind alle ungeraden Runden und ab der 81. Runde jede Runde gezeichnet. In den geraden Runden die Maschen stricken, wie sie erscheinen. Den Mustersatz stets wiederholen. In der 11. und 47. Runde die ersten 3 Maschen ungestrickt auf die rechte Nadel heben und die Fäden dahinter (stramm) weiterführen. Für die Mütze die 1.–85. Runde 1x stricken, dabei ab der 65. Runde wie gezeichnet abnehmen und in der 83. Runde die letzte Masche auf die linke Nadel heben, dann die 84. Runde stricken. Für den Loop die 1.–38. Runde 1x stricken, dann die 3.–38. Runde 1x wiederholen und die 3.–10. Runde noch 1x stricken = 82 Runden.

Farbfolge: Stets mit 3 Fäden stricken – dazu vom Knäuel jeweils ein Stück abwickeln sowie 1 Faden von außen und 1 Faden von innen nehmen. 20 Runden mit 3 Fäden Braun meliert, 6 Runden mit 2 Fäden Braun meliert und 1 Faden Camel meliert, 6 Runden mit 2 Fäden Camel meliert und 1 Faden Braun meliert, 20 Runden mit 3 Fäden Camel meliert, 6 Runden mit 2 Fäden Camel meliert und 1 Faden Natur, 6 Runden mit 2 Fäden Natur und 1 Faden Camel meliert, 21 Runden für die Mütze bzw. 18 Runden für den Loop mit 3 Fäden Natur = 85 Runden für die Mütze bzw. 82 Runden für den Loop.

MASCHENPROBE

Aranmuster mit Nadeln Nr. 4, dreifädig:

28 Maschen und 37 Runden = 10 x 10 cm

JETZT KANN'S LOSGEHEN

Mütze

126 (140) Maschen mit dem Nadelspiel Nr. 3,5 und 3 Fäden Braun meliert anschlagen und die Maschen auf 4 Nadeln verteilen – 42-28-28-28 (42-28-42-28) Maschen.

Den Rundenbeginn markieren und die Markierung mitführen. Für den Bund 1,5 cm = 4 Runden im Rippenmuster stricken. Dann mit Nadeln Nr. 4 im Aranmuster in der Farbfolge arbeiten. Die Abnahmen für die Kopfrundung sind in der Strickschrift eingezeichnet. Nach 23 cm = 85 Runden ab Bund die restlichen 9 (10) Maschen mit dem Faden zusammenziehen.

Fertigstellung: Einen Pompon mit 8 cm Durchmesser in der Farbfolge anfertigen und an der Mützenspitze befestigen.

Loop

154 Maschen mit der Rundstricknadel Nr. 3,5 und 3 Fäden in Braun meliert anschlagen. Den Rundenbeginn markieren und die Markierung mitführen. Für den Bund 1,5 cm = 4 Runden im Rippenmuster stricken. Dann mit Rundstricknadel Nr. 4 im Aranmuster in der Farbfolge arbeiten. Nach 22 cm = 82 Runden für den Bund noch 1,5 cm = 4 Runden im Rippenmuster stricken. Danach alle Maschen abketten, wie sie erscheinen.

Strickschrift

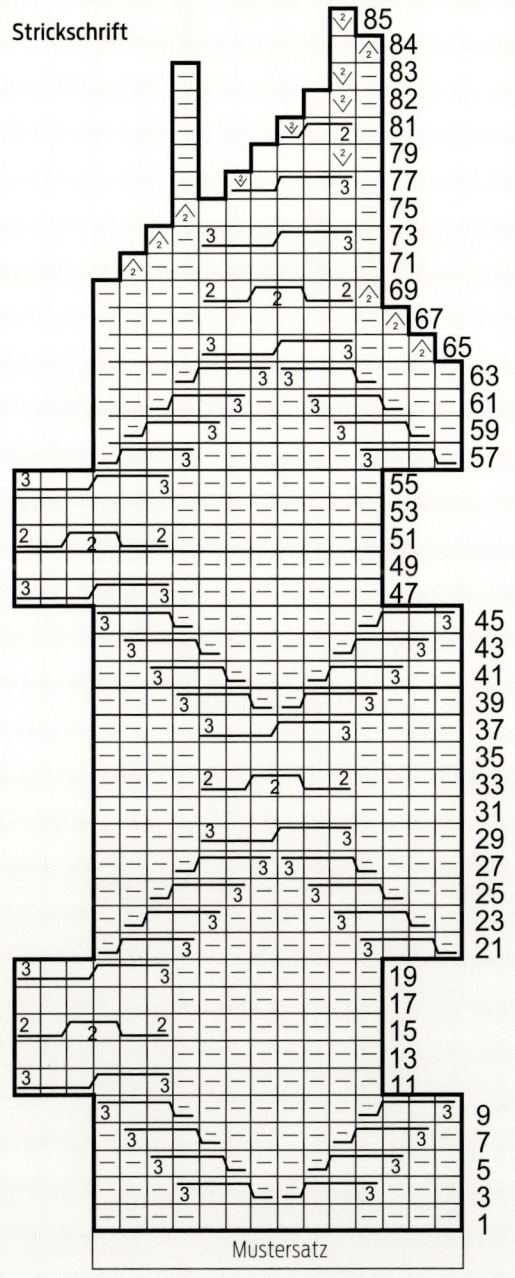

Mustersatz

$\square$ = 1 Masche rechts

$\boxminus$ = 1 Masche links

$\boxdot$ = 2 Maschen rechts zusammenstricken

$\boxtimes$ = 2 Maschen links zusammenstricken

= 4 Maschen nach rechts verkreuzen:
1 Masche auf eine Zopfnadel hinter die Arbeit
legen, 3 Maschen rechts stricken, dann die
Masche der Zopfnadel links stricken

= 4 Maschen nach links verkreuzen:
3 Maschen auf eine Zopfnadel vor die Arbeit
legen, 1 Masche links stricken, dann die
Maschen der Zopfnadel rechts stricken

= 6 Maschen nach rechts verkreuzen:
3 Maschen auf eine Zopfnadel hinter die
Arbeit legen, 3 Maschen rechts stricken, dann
die Maschen der Zopfnadel rechts stricken

= 6 Maschen verkreuzen:
2 Maschen auf eine Zopfnadel hinter die
Arbeit legen, die folgenden 2 Maschen auf
eine zweite Zopfnadel vor die Arbeit legen,
2 Maschen rechts stricken, dann die 2 Maschen der vorderen Zopfnadel rechts stricken,
danach die 2 Maschen der hinteren Zopfnadel rechts stricken

= 6 Maschen nach rechts verkreuzen mit Abnahme: 3 Maschen auf eine Zopfnadel hinter
die Arbeit legen, 3 Maschen rechts, dann die
Maschen der Zopfnadel wie folgt stricken:
1 Masche rechts, 2 Maschen rechts zusammenstricken (es bleiben 5 rechte Maschen übrig)

= 4 Maschen nach rechts verkreuzen mit
Abnahme: 2 Maschen auf eine Zopfnadel
hinter die Arbeit legen, 2 Maschen rechts stricken, dann die 2 Maschen der Zopfnadel
rechts zusammenstricken (es bleiben 3
rechte Maschen übrig)

WIR WOLLEN

MEHR FARBE

MÜTZE UND LOOP ★★

GRÖSSE

Mütze: 54–56 cm Kopfumfang

Loop: 36 cm Höhe, 48 cm Umfang

MATERIAL

· ONline „Linie 110 Timona" (60 % Schurwolle,
40 % Polyacryl, Lauflänge 120 m/50 g): **für die Mütze**
150 g Zyklam und **für den Loop** 200 g Lila

· Nadelspiel Nr. 4

· Rundstricknadel Nr. 4, 60 cm lang

· Hilfs- oder Zopfnadel

MUSTER

Rippenmuster: 2 Maschen rechts, 4 Maschen links im
Wechsel stricken.

Zopfmuster: Maschenzahl teilbar durch 18. Nach der
Strickschrift stricken. Den Mustersatz von 18 Maschen
stets wiederholen. Es sind nur die ungeraden Runden
gezeichnet; in den geraden Runden die Maschen stricken,
wie sie erscheinen. In der 11. und 25. Runde die ersten
4 Maschen ungestrickt auf die rechte Nadel nehmen
und diese Maschen am Ende der Runde mit den letzten
4 Maschen der Runde verzopfen. Die 1.–54. Runde stets
wiederholen.

MASCHENPROBE

Zopfmuster:

37,5 Maschen und 30 Runden = 10 x 10 cmm

JETZT KANN'S LOSGEHEN

Mütze

144 Maschen mit dem Nadelspiel Nr. 4 in Zyklam anschlagen und die Maschen gleichmäßig auf 4 Nadeln
verteilen – 36 Maschen pro Nadel. Für den Bund 7 cm im
Rippenmuster in Runden stricken. Dann im Zopfmuster
weiterarbeiten. Nach 18 cm = 54 Runden ab Bund in jeder
Rechtsrippe je 2 Maschen rechts zusammenstricken =
120 Maschen. Nun 2 Maschen links, 3 Maschen rechts im
Wechsel stricken. Diese Abnahmen in jeder 2. Runde noch
2x ebenso arbeiten = 72 Maschen. Dadurch verringert
sich die Maschenzahl in den Rechtsrippen = 2 Maschen

links, 1 Masche rechts. In der folgenden 2. Runde in jeder
Linksrippe je 2 Maschen links zusammenstricken = 48
Maschen. Nun 1 Masche links, 1 Masche rechts im Wechsel
stricken und noch 2x in jeder 2. Runde stets 2 Maschen
rechts zusammenstricken = 12 Maschen. Faden abschneiden, durch die restlichen 12 Maschen fädeln und diese fest
zusammenziehen.

Loop

180 Maschen mit der Rundstricknadel Nr. 4 in Lila anschlagen. Im Zopfmuster in Runden stricken. Nach 36 cm = 108
Runden ab Anschlag die Maschen abketten, wie sie erscheinen.

Strickschrift

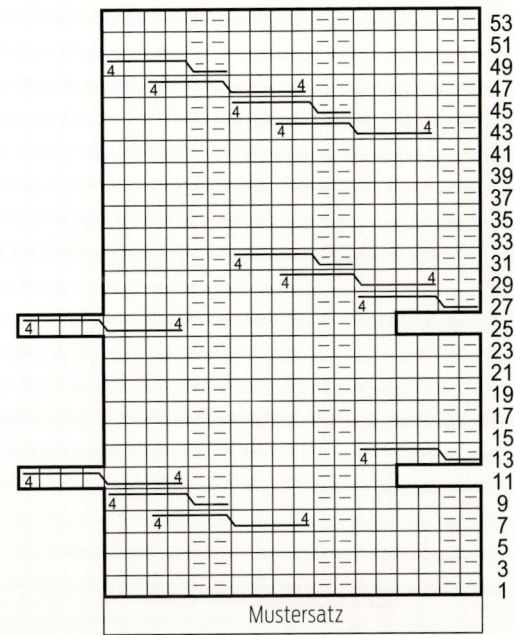

Mustersatz

☐ = 1 Masche rechts

⊟ = 1 Masche links

4 ⟋ ⊟ = 6 Maschen nach links verkreuzen:
  4 Maschen auf eine Hilfsnadel vor die Arbeit legen,
  2 Maschen links stricken, dann die Maschen der Hilfsnadel rechts stricken

4 ⟍ 4 = 8 Maschen nach links verkreuzen:
  4 Maschen auf eine Hilfsnadel vor die Arbeit legen,
  4 Maschen rechts stricken, dann die Maschen der
  Hilfsnadel rechts stricken

NORWEGERMUSTER
IN BLACK & WHITE

MÜTZE UND FÄUSTLINGE ★★

GRÖSSE
Mütze: 50 (54/58) cm Kopfumfang
Fäustlinge: Handschuhgröße 7,5 (8,5)
Die Angaben für die größeren Größen stehen in Klammern.
Steht nur eine Angabe, so gilt diese für alle Größen

MATERIAL
- Schulana „Sumerino" (100 % Schurwolle, Lauflänge
  80 m/50 g): **für die Mütze** je 50 g Weiß und Anthrazit
  und **für die Fäustlinge** je 50 g Weiß und Anthrazit
- Stricknadeln Nr. 5
- Pomponset, ø 6 cm

MUSTER
Rippenmuster: 2 Maschen rechts, 2 Maschen links im
Wechsel stricken.
Glatt rechts: In Runden stets rechte Maschen stricken.
Jacquardmuster: Maschenzahl teilbar durch 8. Nach
dem Zählmuster glatt rechts in Norwegertechnik in
Runden stricken. Den Mustersatz von 8 Maschen stets
wiederholen. Es ist jede Runde gezeichnet. Die 1.–10.
Runde 1x arbeiten.
Musterfolge: 10 Runden glatt rechts in Weiß, 10 Runden
im Jacquardmuster, restliche Runden glatt rechts in
Anthrazit.

MASCHENPROBE
Glatt rechts:
20 Maschen und 23 Runden = 10 x 10 cm

JETZT KANN'S LOSGEHEN
Mütze
96 (104/112) Maschen in Weiß anschlagen, die Maschen
gleichmäßig auf die 4 Nadeln verteilen – 24 (26/28)
Maschen pro Nadel. Für den Bund 5 cm im Rippenmuster
stricken. Dann in der Musterfolge weiterarbeiten.
In 20,5 cm Gesamthöhe gleichmäßig verteilt 8 Maschen
abnehmen = 88 (96/104) Maschen. Diese Abnahmen
an den gleichen Stellen noch 3x in jeder 2. Runde und
anschließend 7x (8x/9x) in jeder Runde ebenso arbeiten
= 8 Maschen. Faden abschneiden, durch die restlichen
8 Maschen fädeln und diese fest zusammenziehen.
Fertigstellung: Einen Pompon mit ca. 6 cm Durchmesser in Anthrazit anfertigen und an der Mützenspitze
befestigen.

Fäustlinge

Rechter Handschuh: 40 (48) Maschen in Weiß anschlagen, die Maschen gleichmäßig auf 4 Nadeln verteilen – 10 (12) Maschen pro Nadel. Für den Bund 6 cm im Rippenmuster in Runden stricken. Dann glatt rechts weiterarbeiten. Nach 4 (5) cm = 9 (11) Runden ab Bund für den **Daumenkeil** die 4. Masche der 1. Nadel markieren und beidseitig der markierten Masche je 1 Masche aus dem Querfaden rechts verschränkt herausstricken = 3 Daumenkeilmaschen. Die Zunahmen wie folgt stricken: * In der folgenden 2. Runde vor der 1. und nach der letzten zugenommenen Masche je 1 Masche aus dem Querfaden rechts verschränkt herausstricken, ab * 4x (5x) arbeiten, dabei immer außerhalb der bisherigen Daumenkeilmaschen zunehmen = 11 (13) Daumenkeilmaschen. Die Zahl der Daumenkeilmaschen erhöht sich bei jeder Zunahme um 2 Maschen. Die Maschen stilllegen. Dann über den stillgelegten Daumenkeilmaschen für den Daumensteg 3 Maschen dazu anschlagen und 1 Runde stricken. In der folgenden Runde die 1. Stegmasche mit der Masche davor rechts überzogen zusammenstricken (= 1 Masche wie zum Rechtsstricken abheben, 1 Masche rechts stricken, dann die abgehobene Masche darüberziehen) und die letzte Stegmasche mit der Masche danach rechts zusammenstricken = 40 (48) Maschen. Nach 8,5 (9,5) cm = 20 (22) Runden ab Bund im Jacquardmuster stricken und danach glatt rechts in Anthrazit weiterarbeiten. Nach 16 (17) cm = 37 (39) Runden ab Bund auf der 1. und 3. Nadel jeweils die zweit- und drittletzte Masche rechts zusammenstricken sowie auf der 2. und 4. Nadel jeweils die 2. und 3. Masche rechts überzogen zusammenstricken = 36 (44) Maschen.

Diese Abnahmen in jeder 2. Runde noch 3x (5x) und dann in jeder Runde noch 4x ebenso arbeiten. Faden abschneiden, durch die restlichen 8 Maschen fädeln und diese fest zusammenziehen. Für den **Daumen** die stillgelegten 11 (13) Daumenkeilmaschen auf eine Nadel nehmen, 3 Maschen aus dem Steg in Weiß auffassen = 14 (16) Maschen. Die Maschen gleichmäßig auf 3 Nadeln verteilen – 5-4-5 (5-6-5) Maschen. Glatt rechts in Weiß stricken. In der folgenden Runde die 1. Stegmasche mit der Masche davor rechts überzogen zusammenstricken und die letzte Stegmasche mit der Masche danach rechts zusammen stricken = 12 (14) Maschen. Wenn die Daumenlänge erreicht ist, stets 2 Maschen rechts zusammenstricken = 6 (7) Maschen. Faden abschneiden, durch die restlichen 6 (7) Maschen fädeln und diese fest zusammenziehen.

Linker Handschuh: Gegengleich stricken, jedoch für den Daumenkeil die viertletzte Masche der 4. Nadel markieren.

Zählmuster

Mustersatz

☐ = 1 Masche Weiß
■ = 1 Masche Anthrazit

SCHAL, ARM- UND BEINSTULPEN ★

GRÖSSE

Schal: 172 cm Länge, 25 cm Breite

Armstulpen: 18 cm Armumfang, 24 cm Länge

Beinstulpen: 34–38 cm Wadenumfang, 29 cm Länge

MATERIAL

· ONline „Linie 359 Fano" (53 % Schurwolle, 47 % Poly-acryl, Lauflänge 240 m/150 g): **für den Schal** 300 g Rot, **für die Armstulpen** 150 g Rot und **für die Bein-stulpe**n 150 g Rot

· Rundstricknadel Nr. 8

· Stricknadeln Nr. 8

MUSTER

Randmaschen (Knötchenrand): Die erste und letzte Masche stets rechts stricken.

Kraus rechts: In Hin- und Rückreihen stets rechte Maschen stricken.

Pfauenmuster für den Schal: Maschenzahl teilbar durch 17 + 2 Randmaschen. **1. Reihe:** Randmasche, * [2 Maschen links zusammenstricken] 3x, [1 Umschlag, 1 Masche links] 5x, 1 Umschlag, [2 Maschen links zusam-menstricken] 3x, ab * stets wiederholen, Randmasche. **2. Reihe:** Randmasche, alle Maschen und Umschläge links stricken, Randmasche. **3. Reihe:** Randmasche, alle Maschen rechts stricken, Randmasche. **4. Reihe:** Rand-masche, alle Maschen links stricken, Randmasche. Die 1.–4. Reihe 3x stricken = 12 Reihen.

Pfauenmuster für die Arm- und Beinstulpen: Maschenzahl teilbar durch 11 + 2 Randmaschen. **1. Reihe:** Randmasche, * [2 Maschen links zusammenstricken] 2x, [1 Umschlag, 1 Masche links] 3x, 1 Umschlag, [2 Maschen links zusammenstricken] 2x, ab * 4x arbeiten, Randma-sche. **2. Reihe:** Randmasche, alle Maschen und Umschlä-ge links stricken, Randmasche.

3. Reihe: Randmasche, alle Maschen rechts stricken, Randmasche. **4. Reihe:** Randmasche, alle Maschen links stricken, Randmasche. Die 1.–4. Reihe 3x stricken = 12 Reihen.

Hebemaschenmuster für den Schal:

Maschenzahl teilbar durch 6 + 1 + 2 Randmaschen. Stets mit Knötchenrand stricken. Nach Strickschrift A stricken. Es sind die Hin- und Rückreihen gezeichnet. Mit den Ma-schen vor dem Mustersatz beginnen, dann den Mustersatz von 6 Maschen stets wiederholen und mit den Maschen nach dem Mustersatz enden. Die 1.–8. Reihe 2x arbeiten, dann noch 1x die 1.–6. Reihe stricken = 22 Reihen.

Hebemaschenmuster für die Arm- und Beinstulpen:

Maschenzahl teilbar durch 4 + 1 + 2 Randmaschen. Stets mit Knötchenrand stricken. Nach Strickschrift B stricken. Es sind die Hin- und Rückreihen gezeichnet. Mit den Ma-schen vor dem Mustersatz beginnen, dann den Mustersatz von 4 Maschen stets wiederholen und mit den Maschen nach dem Mustersatz enden. Für die Armstulpen die 1.–8. Reihe 4x arbeiten, dann noch die 1.–6. Reihe stricken = 38 Reihen. Für die Beinstulpen die 1.–8. Reihe 6x arbeiten, dann noch 1x die 1. und 2. Reihe stricken = 50 Reihen.

MASCHENPROBEN

Pfauenmuster:

12 Maschen und 12 Reihen = 10 x 8 cm

Hebemaschenmuster:

12 Maschen und 24 Reihen = 10 x 10 cm

LIEBLINGSFARBE

PURPURROT

JETZT KANN'S LOSGEHEN

Schal

Den Schal zunächst in zwei Teilen stricken. Mit Knötchenrand stricken. Für den ersten Teil 206 Maschen anschlagen
und 1 Rückreihe rechte Maschen stricken. Dann 12 Reihen
Pfauenmuster und 22 Reihen Hebemaschenmuster arbeiten. Das Teil stilllegen. Für das zweite Teil 206 Maschen
anschlagen und 1 Rückreihe rechte Maschen stricken, dann
nur 11 Reihen Pfauenmuster stricken. Das Teil stilllegen.
Fertigstellung: Die stillgelegten Maschen beider Teile im
Maschenstich verbinden.

Armstulpen

Rechte Stulpe: 24 Maschen anschlagen. 12 Reihen Pfauenmuster stricken, dabei in der letzten Reihe 1 Masche abnehmen = 23 Maschen. Danach 38 Reihen Hebemaschenmuster stricken. Gleichzeitig für das **Daumenloch** nach
16 Reihen die Arbeit nach der 18. Masche teilen und beide
Seiten über 6 Reihen getrennt weiterstricken, danach wieder über alle Maschen stricken. Nach 16 cm = 38 Reihen
Hebemaschenmuster alle Maschen rechts abketten.
Fertigstellung: Die Ränder im Matratzenstich zusammennähen.

Linke Stulpe: Genauso arbeiten, jedoch für das Daumenloch die Arbeit nach 6 Maschen teilen.

Beinstulpen

Erste Stulpe: 46 Maschen anschlagen. 12 Reihen Pfauenmuster stricken, dabei in der letzten Reihe 1 Masche zunehmen = 47 Maschen. Danach im Hebemaschenmuster
stricken. In der folgenden 9. Reihe beidseitig nach bzw. vor
der Randmasche 2 Maschen rechts zusammenstricken =
45 Maschen. Diese Abnahmen noch 9x in jeder 4. Reihe
wiederholen = 27 Maschen. Darauf achten, dass durch die
Abnahmen beidseitig jeweils 1 Masche der Strickschrift
wegfällt. Nach 21 cm = 50 Reihen Hebemaschenmuster
alle Maschen rechts abketten.
Fertigstellung: Die Ränder im Matratzenstich zusammennähen.
Zweite Stulpe: Genauso arbeiten.

Strickschrift A

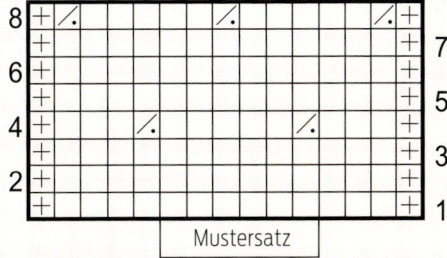

Mustersatz

Strickschrift B

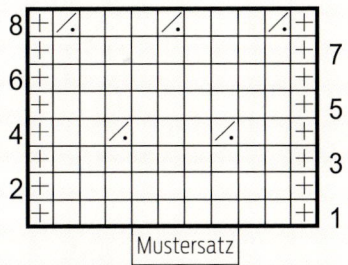

Mustersatz

⊞ = Randmasche

☐ = 1 Masche rechts

☑ = 1 Hebemasche = 1 Masche wie zum Linksstricken
    abheben und den Faden vor der Masche weiter-
    führen

LOOP, SCHAL UND PARTNERFÄUSTLINGE ★★

GRÖSSE

Loop: 35 cm Höhe, 70 cm Umfang

Schal: 22,5 cm Breite, 174 cm Länge

Fäustlinge Damen: Handschuhgröße 6 (7/8)

Fäustlinge Herren: Handschuhgröße 7 (8/9)

Die Angaben für die größeren Größen stehen in Klammern. Steht nur eine Angabe, so gilt sie für alle Größen.

MATERIAL

· Schulana „Sumerino" (100 % Schurwolle, Lauflänge 80 m/50 g): **für den Schal** 450 g Pflaume und 50 g Senfgelb, **für den Loop** 50 g Pflaume und 150 g Senfgelb und für die Fäustlinge 150 g Pflaume und 50 g Senfgelb: **für alle drei Teile zusammen** reichen 550 g Pflaume und 200 g Senfgelb

· Stricknadeln Nr. 5,5

· Rundstricknadel Nr. 5,5, 60 cm lang

· Nadelspiel Nr. 4,5

MUSTER

Rippenmuster: 2 Maschen rechts, 2 Maschen links im Wechsel stricken.

Glatt rechts: In Runden stets rechte Maschen stricken.

Glatt links: In Runden stets linke Maschen stricken.

MASCHENPROBEN

Glatt rechts mit Nadeln Nr. 4,5:

19 Maschen und 27,5 Runden = 10 x 10 cm

Glatt rechts mit Nadeln Nr. 5,5:

17 Maschen und 23 Runden = 10 x 10 cm

Rippenmuster mit Nadeln Nr. 5,5:

32 Maschen und 23 Reihen = 10 x 10 cm

JETZT KANN'S LOSGEHEN

Loop

120 Maschen mit der Rundstricknadel Nr. 5,5 in Pflaume anschlagen und glatt rechts in Runden stricken. Nach 5 Runden in Senfgelb weiterarbeiten.

Nach 33 cm Gesamthöhe 5 Runden in Pflaume stricken. Danach alle Maschen abketten.

Schal

72 Maschen in Senfgelb anschlagen und 174 cm im Rippenmuster in Pflaume stricken. Dann alle Maschen in Senfgelb abketten, wie sie erscheinen.

FOR LOVERS ONLY

PARTNERLOOK MAL ANDERS

WARME HÄNDE GARANTIERT

Partner-Fäustlinge

Erster Fäustling (Dame): 32 (36/40) Maschen mit dem Nadelspiel Nr. 4,5 in Senfgelb anschlagen, die Maschen gleichmäßig auf 4 Nadeln verteilen – 8 (9/10) Maschen pro Nadel. Für den Bund 7 cm im Rippenmuster in Runden stricken. Dann glatt rechts weiterarbeiten, dabei ab der 2. Runde in Pflaume stricken. Nach 3,5 (4,5/5,5) cm ab Bund für den **Daumenkeil** die 4. Masche der 1. Nadel markieren und beidseitig der markierten Masche je 1 Masche aus dem Querfaden rechts verschränkt heraus-stricken = 3 Daumenkeilmaschen. Die Zunahmen wie folgt stricken: * In der folgenden 2. Runde vor der 1. und nach der letzten zugenommenen Masche je 1 Masche aus dem Querfaden rechts verschränkt herausstricken, ab * 4x (5x/6x) arbeiten, dabei immer außerhalb der bisherigen Daumenkeilmaschen zunehmen = 11 (13/15) Daumenkeil-maschen. Die Zahl der Daumenkeilmaschen erhöht sich bei jeder Zunahme um 2 Maschen. Über die Daumen-keilmaschen glatt rechts stricken. Die Maschen stilllegen. Dann über den stillgelegten Daumenkeilmaschen für den Daumensteg 3 Maschen dazu anschlagen und 1 Runde stricken. In der folgenden Runde die 1. Stegmasche mit der Masche davor rechts überzogen zusammenstricken (= 1 Masche wie zum Rechtsstricken abheben, 1 Masche rechts stricken, dann die abgehobene Masche darüber-ziehen) und die letzte Stegmasche mit der Masche danach rechts zusammenstricken = 32 (36/40) Maschen. Nach 14 (15/16) cm ab Bund auf jeder Nadel die 1. und 2. Masche rechts zusammenstricken = 28 (32/36) Maschen. Diese Abnahmen in jeder 2. Runde noch 5x (6x/7x) ebenso arbeiten = 8 Maschen. Faden abschneiden, durch die restlichen 8 Maschen fädeln und diese fest zusam-menziehen. Für den **Daumen** die stillgelegten 11 (13/15) Keilmaschen auf eine Nadel nehmen, 3 Maschen aus dem Steg auffassen = 14 (16/18) Maschen. Die Maschen gleich-mäßig auf 3 Nadeln verteilen = 5-4-5 Maschen (5-6-5 Maschen/6 Maschen pro Nadel). Glatt rechts stricken. In der folgenden Runde die 1. Stegmasche mit der Masche davor rechts überzogen zusammenstricken und die letzte Stegmasche mit der Masche danach rechts zusammen-stricken = 12 (14/16) Maschen. Wenn die Daumenlänge erreicht ist, stets 2 Maschen rechts zusammenstricken = 6 (7/8) Maschen. Faden abschneiden, durch die restlichen 6 (7/8) Maschen fädeln und diese fest zusammenziehen.

Zweiter Fäustling (Herr): 36 (40/44) Maschen mit dem Nadelspiel Nr. 4,5 in Pflaume anschlagen, die Maschen gleichmäßig auf 4 Nadeln verteilen – 9 (10/11) Maschen pro Nadel. Für den Bund 8 cm im Rippenmuster in Runden stricken. Dann glatt rechts weiterarbeiten. Nach 4 (6/8) cm ab Bund für den **Daumenkeil** die 4. Masche der 1. Nadel markieren und beidseitig der markierten Masche

je 1 Masche aus dem Querfaden rechts verschränkt herausstricken = 3 Daumenkeilmaschen. Die Zunahmen wie folgt stricken: * In der folgenden 2. Runde vor der 1. und nach der letzten zugenommenen Masche je 1 Masche aus dem Querfaden rechts verschränkt herausstricken, ab * 5x (6x/7x) arbeiten, dabei immer außerhalb der bisherigen Daumenkeilmaschen zunehmen = 13 (15/17) Daumenkeilmaschen. Die Zahl der Daumenkeilmaschen erhöht sich bei jeder Zunahme um 2 Maschen. Über die Daumenkeilmaschen glatt rechts stricken. Die Maschen stilllegen. Dann über die stillgelegten Daumenkeilmaschen für den Daumensteg 5 Maschen dazu anschlagen und 1 Runde stricken. In der folgenden Runde die 1. Stegmasche mit der Masche davor rechts überzogen zusammenstricken und die letzte Stegmasche mit der Masche danach rechts zusammenstricken. Diese Abnahmen in der folgenden 2. Runde noch 1x ebenso arbeiten = 36 (40/44) Maschen. Nach 15 (17/19) cm ab Bund auf jeder Nadel die 1. und 2. Masche rechts zusammenstricken = 32 (36/40) Maschen. Diese Abnahmen in jeder 2. Runde noch 6x (7x/8x) ebenso arbeiten = 8 Maschen. Faden abschneiden, durch die restlichen 8 Maschen fädeln und diese fest zusammenziehen. Für den **Daumen** die stillgelegten 13 (15/17) Keilmaschen auf eine Nadel nehmen, 5 Maschen aus dem Steg auffassen = 18 (20/22) Maschen. Die Maschen gleichmäßig auf 3 Nadeln verteilen = 6 Maschen pro Nadel (6-7-6 Maschen/7-8-7 Maschen). Glatt rechts stricken. In der folgenden Runde die 1. Stegmasche mit der Masche davor rechts überzogen zusammenstricken und die letzte Stegmasche mit der Masche danach rechts zusammenstricken Diese Abnahmen in der folgenden 2. Runde noch 1x ebenso arbeiten = 14 (16/18) Maschen. Wenn die Daumenlänge erreicht ist, stets 2 Maschen rechts zusammenstricken = 7 (8/9) Maschen. Faden abschneiden, durch die restlichen 7 (8/9) Maschen fädeln und diese fest zusammenziehen.
Gemeinsamer Fäustling: Den gemeinsamen Fäustling getrennt beginnen.

Für den **Bund des Damenhandschuhs** 32 (36/40) Maschen mit dem Nadelspiel Nr. 4,5 in Senfgelb anschlagen, die Maschen gleichmäßig auf 4 Nadeln verteilen – 9 (10/11) Maschen pro Nadel. Für den Bund 7 cm im Rippenmuster in Runden stricken. Dann glatt rechts weiterarbeiten, dabei ab der 2. Runde in Pflaume stricken. Nach 3,5 (4,5/5,5) cm ab Bund die Maschen stilllegen. Nun für den **Bund des Herrenhandschuhs** 36 (40/44) Maschen mit dem Nadelspiel Nr. 4,5 in Pflaume anschlagen, die Maschen gleichmäßig auf 4 Nadeln verteilen – 9 (10/11) Maschen pro Nadel. Für den Bund 8 cm im Rippenmuster in Runden stricken. Dann glatt rechts weiterarbeiten. Nach 4 (6/8) cm ab Bund die Maschen stilllegen. Nun die Maschen beider Teile zusammenfügen = 68 (76/84) Maschen bzw. 17 (19/21) Maschen pro Nadel. Nach 15 (17/19) cm ab Bund des Damenhandschuhs auf jeder Nadel die 1. und 2. Masche rechts zusammenstricken = 64 (72/80) Maschen. Diese Abnahmen in jeder Runde noch 14x (16x/18x) ebenso arbeiten. Faden abschneiden, durch die restlichen 8 Maschen fädeln und diese fest zusammenziehen.

2 Maschen rechts zusammenstricken

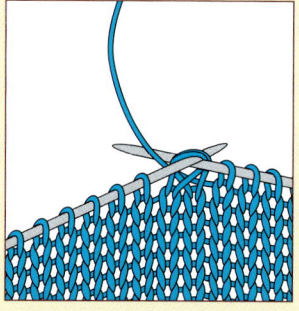

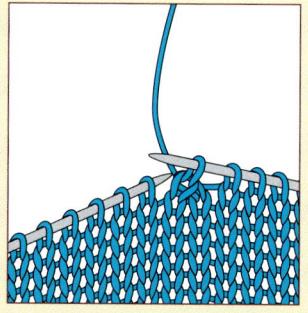

Der Faden ist hinter der Arbeit. Mit der rechten Nadel von links nach rechts durch die ersten 2 Maschen der linken Nadel stechen und den Faden durch beide Maschen holen.

Die Maschen von der linken Nadel gleiten lassen.

2 Maschen links zusammenstricken

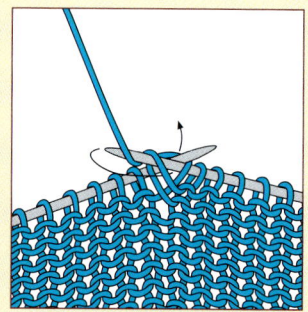

Der Faden ist vor der Arbeit. Mit der rechten Nadel von rechts nach links durch die ersten 2 Maschen der linken Nadel stechen und den Faden durch beide Maschen holen. Die Maschen von der linken Nadel gleiten lassen.

2 Maschen rechts überzogen zusammenstricken

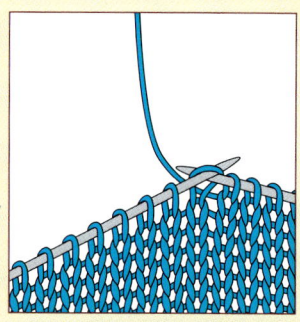

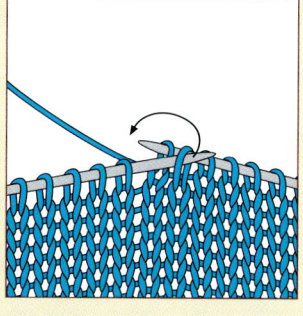

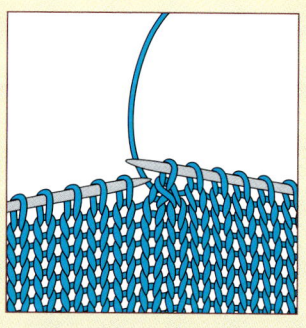

Der Arbeitsfaden liegt hinten. In die 1. Masche der linken Nadel von vorn nach hinten einstechen und die Masche, ohne sie zu stricken, auf die rechte Nadel heben.

Die folgende Masche rechts stricken, sodass sie vor der abgehobenen Masche auf der rechten Nadel liegt. Mit der linken Nadel in die abgehobene Masche einstechen ...

... und diese über die gestrickte Masche ziehen.

1 Masche rechts verschränkt aus dem Querfaden herausstricken

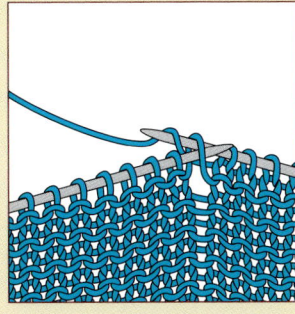

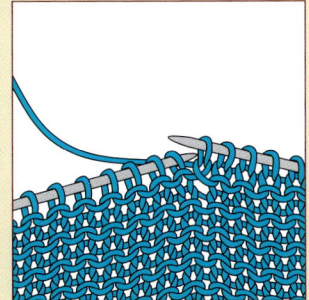

1 Masche links verschränkt aus dem Querfaden herausstricken

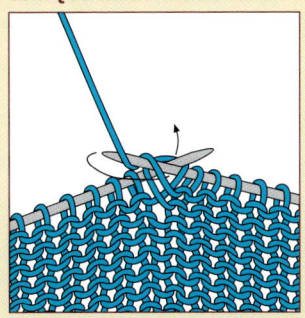

Der Arbeitsfaden liegt hinten. Mit der linken Nadel von vorn nach hinten unter dem Querfaden zwischen 2 Maschen einstechen, sodass der Querfaden auf der Nadelspitze liegt. Mit der rechten Nadel hinter der Arbeit von rechts nach links in die Schlinge des Querfadens

einstechen, sodass sie sich verdreht, und den Arbeitsfaden um die Nadel legen. Den Arbeitsfaden nach vorn durchholen und anschließend den Querfaden von der linken Nadel gleiten lassen. So entsteht eine zusätzliche rechte Masche.

Wie bei der rechts verschränkten Zunahme einstechen und den Faden durchholen, der Arbeitsfaden liegt dabei jedoch vorn. Es entsteht eine zusätzliche linke Masche.

Halbpatent

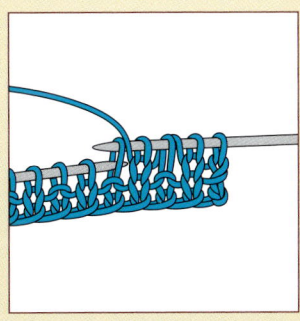

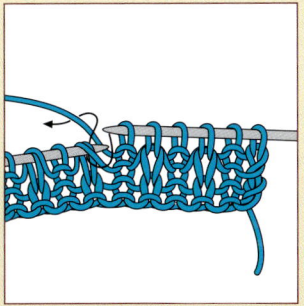

Maschen abketten

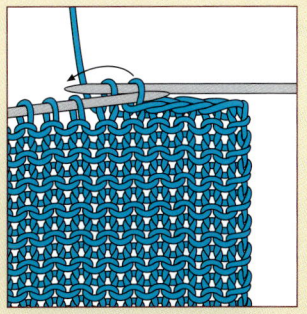

Hinreihe: Der Faden liegt über der rechten Nadel (= 1 Umschlag). Mit der rechten Nadel in die folgende Masche einstechen und diese wie zum Linksstricken abheben, ohne sie zu stricken. Dann den Faden hinter die Arbeit legen und mustergemäß weiterarbeiten.

Rückreihe: Die Masche und den dazugehörigen Umschlag rechts zusammenstricken. Dann mustergemäß weiterarbeiten.

Die ersten 2 Maschen stricken. Mit der linken Nadel in die 1. Masche einstechen und diese über die 2. Masche heben. Fortlaufend die nächste Masche stricken und die vorherige darüberziehen. Am Ende den Faden abschneiden und durch die letzte Masche ziehen.

GRUNDKURS STRICKEN

Verzopfung nach rechts

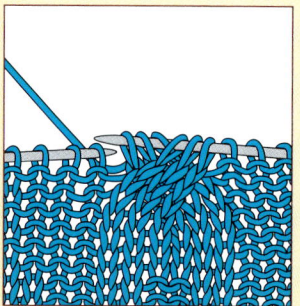

3 Maschen auf eine Zopfnadel nehmen und hinter die Arbeit legen. Die folgenden 3 Maschen der linken Nadel rechts stricken, dann die 3 Maschen der Zopfnadel rechts stricken.

Jacquardmuster stricken/Norwegertechnik

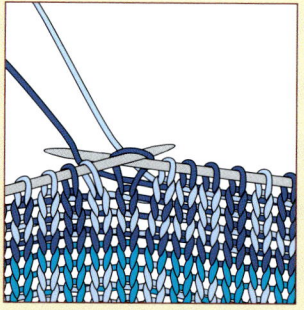

Jacquardmuster werden in zwei oder mehr Farben gestrickt. Die benötigten Fäden zusammen um den Zeigefinger der linken Hand wickeln. Den nicht benötigten Faden auf der Rückseite locker mitführen.

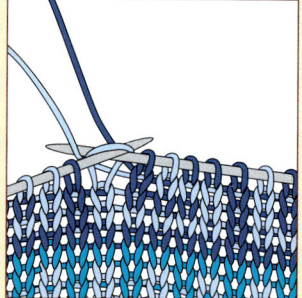

Wird der andere Faden gebraucht, die Maschen auf der rechten Nadel etwas auseinanderschieben, damit der neue Faden mit dem richtigen Abstand die Arbeit überspannt.

Verzopfung nach links

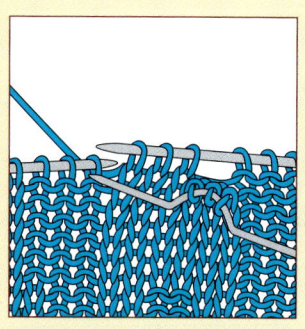

3 Maschen auf eine Zopfnadel nehmen und vor die Arbeit legen. Die folgenden 3 Maschen der linken Nadel rechts stricken, dann die 3 Maschen der Zopfnadel rechts stricken.

Matratzenstich

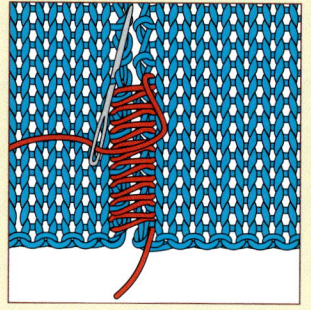

Beide Teile mit der Vorderseite nach oben parallel nebeneinanderlegen. Mit der Nadel den Querfaden zwischen Randmasche und 1. Masche erfassen, Faden durchziehen. Am anderen Teil den gegenüberliegenden Querfaden zwischen Randmasche und 1. Masche erfassen,

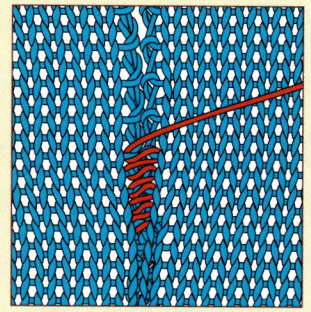

Faden durchziehen. Diesen Vorgang abwechselnd einmal auf der einen, dann auf der anderen Seite wiederholen. Nach ca. 2 cm den Arbeitsfaden anziehen, damit sich die Strickteile übergangslos aneinanderfügen.

Maschen dazu anschlagen

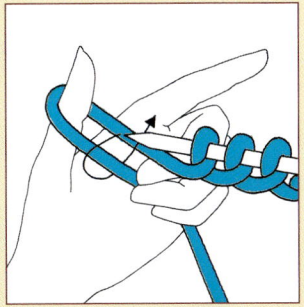

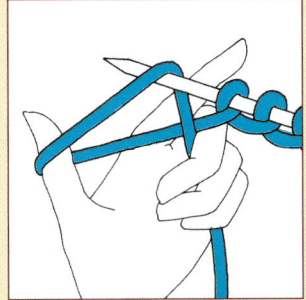

Zum Aufschlingen den Faden um den Daumen legen ...

... und den vorderen Faden von unten auf die Nadel heben.

Die Schlinge mit dem Daumen leicht festziehen. So oft wiederholen, bis die gewünschte Zahl Maschen dazu angeschlagen ist.

Maschenstich (offene Kanten verbinden)

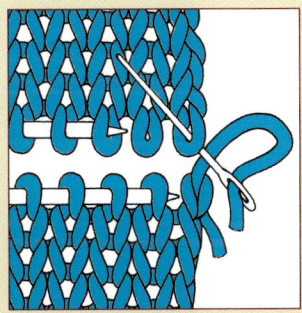

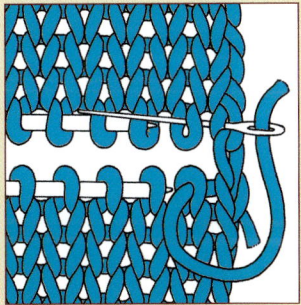

Einen etwa dreimal so langen Faden wie die zu arbeitende Naht in eine Sticknadel ohne Spitze fädeln. In die Randmaschen der zu verbindenden Teile von unten nach oben einstechen. Jeweils nach dem Einstechen die Masche von der Sticknadel gleiten lassen

Nun abwechselnd beim oberen und unteren Teil in die vorherige Masche ein- und in der folgenden auf der Nadel liegenden Masche ausstechen.

Bei jedem Arbeitsgang werden immer 2 halbe Maschen erfasst. Den Faden dabei nicht zu fest anziehen. Die Schlingen auf der Nadel (und somit die Naht) bilden jeweils 1 Reihe im Gestrick.

IMPRESSUM

Autorinnen: Maria Böhly, Babette Ulmer
Fotografie: Anne Schulz Gestaltung
Layout und Satz: Anne Schulz Gestaltung
Umschlaggestaltung: Alexander Knoll
Technische Zeichnungen: Babette Ulmer
Realisation: Maria Böhly, Babette Ulmer,
Birgit Schwer, Eva Huber
Redaktion und Produktmanagement: Martina Unterfrauner
Repro: LUDWIG:media
Herstellung: Stephanie Schlemmer
Printed in Slovenia by Florjancic

Sind Sie mit diesem Titel zufrieden? Dann würden wir uns über Ihre Weiterempfehlung freuen. Erzählen Sie es im Freundeskreis, berichten Sie Ihrem Buchhändler, oder bewerten Sie beim Onlinekauf. Und wenn Sie Kritik, Korrekturen, Aktualisierungen haben, freuen wir uns über Ihre Nachricht an Bruckmann Verlag, Postfach 40 02 09, D-80702 München oder per E-Mail an lektorat@verlags-haus.de.

Unser komplettes Programm finden Sie unter

 www.christophorus-verlag.de

Alle gezeigten Modelle, Illustrationen und Fotos sind urheberrechtlich geschützt. Eine gewerbliche Nutzung ist untersagt. Dies gilt auch für eine Vervielfältigung bzw. Verbreitung über elektronische Medien. Autorin und Verlag haben alle Angaben und Anleitungen mit größtmöglicher Sorgfalt zusammengestellt. Dennoch kann bei Fehlern keinerlei Haftung für direkte oder indirekte Folgen übernommen werden. Stoffe, Materialien und Modelle können von den jeweiligen Originalen abweichen. Die bildliche Darstellung ist unverbindlich.

Sollte dieses Werk Links auf Webseiten Dritter enthalten, so machen wir uns die Inhalte nicht zu eigen und übernehmen für die Inhalte keine Haftung.

Herstellerverzeichnis
Buttinette Textil-Versandhaus GmbH, www.buttinette.de
Junghans Wollversand GmbH & Co. KG, www.junghanswolle.de
Lana Grossa Mode mit Wolle Handels- und Vertriebs GmbH, www.lanagrossa.de
ONline-Klaus-Koch GmbH, www.online-garne.de
Schulana GmbH & Co. KG, www.schulana.de
Gustav Selter GmbH & CO. KG – addi Stricknadeln, www.addi.de
Alle Materialien sind im Hobbyfachhandel erhältlich.

Dank
Maria Böhly und Babette Ulmer danken den oben genannten Firmen für die freundliche Bereitstellung der Garne.

In diesem Buch wird aus Gründen der besseren Lesbarkeit das generische Maskulinum verwendet. Weibliche und andere Geschlechteridentitäten werden dabei ausdrücklich mitgemeint, soweit es für die Aussage erforderlich ist.

Die Deutsche Nationalbibliothek verzeichnet diese Publikation in der Deutschen Nationalbibliografie; detaillierte bibliografische Daten sind im Internet über http://dnb.dnb.de abrufbar

© 2020 Christophorus Verlag in der Christian Verlag GmbH
Infanteriestraße 11a
80797 München

ISBN 978-3-8410-6594-0

🕿 Kreativ-Service

Sie haben Fragen zu den Büchern und Materialien? Frau Erika Noll ist für Sie da und berät Sie rund um alle Kreativthemen. Rufen Sie an! Wir interessieren uns auch für Ihre eigenen Ideen und Anregungen. Sie erreichen Frau Noll per E-Mail: mail@kreativ-service.info oder Tel.: +49 (0) 5052 / 91 18 58

Besuchen Sie uns im Internet: www.christophorus-verlag.de

Ebenfalls erhältlich ...

ISBN 978-3-8410-6569-8

ISBN 978-3-8410-6570-4

ISBN 978-3-8410-6466-0

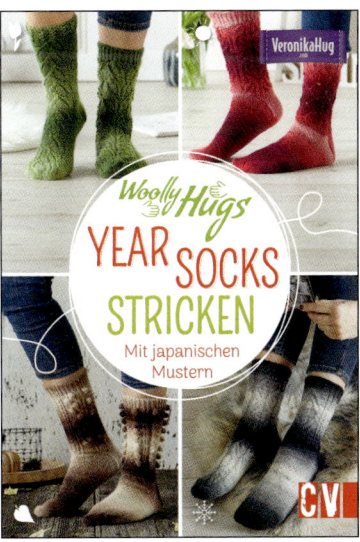

ISBN 978-3-8410-6559-9

www.christophorus-verlag.de